出版人に聞く 3

再販/グーグル問題と流対協

高須次郎

TAKASU Jiro

論創社

再販／グーグル問題と流対協　目次

第Ⅰ部

第Ⅱ部

再販／グーグル問題と流対協

インタビュー・構成　小田光雄

第Ⅰ部

1 前口上

――この「出版人に聞く」シリーズはまず書店の現場の声から始めましたが、今回は出版社ということで、緑風出版の高須次郎さんにお越し頂きました。高須さんは百社近い出版社で組織する出版流通対策協議会（以下、流対協）の会長も兼ねていますので、私たちとはまた異なる出版業界に対する意見や視点を持たれていると思います。ただいきなり専門的な話に入ってしまいますと、このシリーズの主旨としての本に関する読み物といったコンセプトからずれてしまうので、イントロダクションとして、高須さんのラフスケッチと出版遍歴から始めて頂けませんか。

高須　確かにいきなりグーグル問題や再販問題から始めても、読者にしてみれば、とまどうばかりかもしれませんね。ただ私などの個人史を語る意味はないと思いますので、少し抵抗もあるわけです。

――まあ、そういわずに。なぜそのようなイントロダクションを設定するかというと、私たち戦後世代は現在とはまったく異なる本や出版や文化状況の中で、成長してきている。その最も顕著だったのは地方と都市の文化や情報環境のギャップでもあった。それはこのシリーズ2で、東北育ちの伊藤清彦さんが語っていた紛れもない事実です。

もちろん私たちが通過してきた戦後文化なるものはそれぞれに多様であるのですが、それらを共通の背景にして、出版業界に入ってきた。出版社や取次や書店に入った。それらのモチベーションはかならず戦後の本や出版や文化状況とつながっているはずだと思われるからです。

高須　それはよくわかります。ただこれは私個人の考え方かもしれないけれど、他人にとって私の個人史的な部分とか、以前の出版社での編集者や営業マンの仕事といったものが関心をよぶものなのかどうかという疑問がある。いってしまうと、他人にはほとんど興味がないことじゃないかとも思ったりもする。しかも、話せば自分に都合のいいことしか話さないわけですから。

――それは高須さんが流対協の会長という公的な立場にすごく拘束されてきたからじゃないのかな。

高須　それは多少、ありますね。流対協の副会長や会長を務めてきただけでもう十四年にもなる。その前は経営委員長とか取引委員長なども担当していて、九〇年以前からずっと流対協の役職に携わってきた。そのような立場にいると、どこかと交渉したり、声明を立案したり、外部に対する文章を作ったりして、それで二十年ばかりを過ごしてきたことになる。

それに私は飲んだ時でも個人史的事柄を話すことは好まないから。

――ということは私が初めてぶしつけな質問をしているのかしら。でもやはりそういったことをイントロダクションにしたほうがわかりやすいし、私たちが考えていた初発の出版におけるモチーフやイメージが一巡したというか、まったく変わってしまったという問題もありますので、ぜひそこら辺も語ってほしいと思います。

高須　以前に『図書新聞』の米田綱路さん――サントリー学芸賞を最近受賞しましたね――のインタビューを受けて、出版を志した考えを少し話したことがありますから、俎板の鯉になります。私もこうした場に出てきたのだし、自分の主張と提案だけで終わらせるわけにはいきませんし。

2　中央経済社に入る

――それではお言葉に甘えて始めさせてもらいます。最初に入った出版社のことをまずうかがいましょう。

高須　中央経済社という出版社に入ったのが一九七一年です。そこには三年勤めました。編集を二年、営業を一年、トータルで三年ということになる。営業のほうは書店を担当しました。

――中央経済社というのは経済専門書の出版社で、今ではＪＡＳＤＡＱに上場している版元ですね。

高須　そうです。当時、編集部は丸ビルにあったのです。

――最初から出版状況説明をはさんで恐縮ですが、七〇年代の経済専門書とビジネス書の立ち位置に言及しておきます。そのほうが高須さんの立場も明確になるでしょうから。現在ではビジネス書全盛の時代で、自己啓発書からマニュアル本、金儲け本に至るまでありとあらゆるビジネス関連書が出ていますが、七〇年代はまだ経済専門書が主流だった。

Ａ５判箱入りの経済書も多く、大学の教科書にもなっていた。

高須　教科書の売りこみに大学の先生の所へも行きましたよ。

――　そうでしょう。だから今では中央経済社もビジネス書版元にくくられてしまうかもしれないけれど、七〇年代においては経済専門書出版社だと見なされていた。ちょうど有斐閣が法律専門書出版社と目されていたように。

ところが七〇年代後半から、四六判ソフトカバーのビジネス啓蒙書、つまり現在のビジネス書的なものが刊行され始める。

高須　そうだったんですか。その頃は中央経済社を辞めて、日本にいなかったから。

――　そのはしりを務めたのが日本実業出版社で、多種多様なソフトカバー四六判の啓蒙書、入門書などを刊行し、一般的なビジネス書という概念が広まっていった。

そしてこれらの一般的なビジネス書を刊行する出版社が次々と設立され、今はやりの自己啓発物も加わり、今のビジネス書のラインが確立されたわけです。だから七〇年代と今ではビジネス書の概念も変わってしまったような気がする。それからビジネス書の営業形式も変わった。

高須　確かに当時の中央経済社が今でいうビジネス書の版元かといえば、それはまったくちがう。

―― まあ四十年前のことですから、変わってしまって当たり前なんでしょうが、本に対するイメージの変遷を象徴するような気がしますので、少しばかり言及したのですが。

でも知らない人が聞いたら、高須さんはもともとビジネス書の出版社にいて、緑風出版を立ち上げ、流対協の会長を務めていると誤解されかねませんから。これは他意はありませんが、七〇年代の出版社の構図というものは確実に存在していて、私たちもそこから出発してきたことを確認するために述べたまでのことです。そのような経済専門書出版社が、高須さんの出版人としての始まりでもあったわけですから。それで組合問題にも関係していますよね。

高須 中央経済社にはすでに組合もあって、入社してから一年後に週休二日制問題、賃上げ、それから準社員とか嘱託の待遇改善を組合の問題として取り組んできた。あの会社はそういう意味では話もわかり、出版労協（出版労連の前身）にも加盟していた。それでこのシリーズ1のキディランド時代の今泉正光さんじゃないけど、一年目にそういう議論をしていた時、「おまえがやれよ」といわれてしまった。それですぐに書記長にさせられました。

それから二年目に営業も経験し、さらに雑誌を創刊するというので、そちらに引っ張られた。今は最高顧問になっている山本時男さんのところで雑誌編集を担当した。当時は彼が編集長だった。その仕事もそれなりにこなして、三年目を迎えることになった。

――順調に会社にも仕事にも馴染んでいったように感じられますが。

高須　中央経済社は給料もよかったし、編集と営業の入れ替えがあったり、労働システムもかなり評価できるものだった。

それでも当時、友人や知人が小さな出版社を立ち上げていたこともあったりして、彼らと遊んだり、飲んだりしていた。だからやはり自分で独自の出版活動に足を突っ込んでみたいという気持ちは絶えずあった。中央経済社に勤めていれば、生活は安定しているけど、ちょっとどうかなと。それに、経営や会計の雑誌があまり好きになれなかった。どうもこのままこの手の本の編集を続けても、と思い始めた。

3　フランスへ

――それで中央経済社を退職するに至ったわけですか。

高須　三年経って、週休二日制や準社員などの待遇改善など組合の要求もそこそこ通っているし、取り立てて問題は起きていなかった。ところがそこへ友達が外国から帰ってきた。それで話を色々と聞かされ、海外脱出を挑発されたのがきっかけです。その友達というのが、いま翻訳をしてもらっている神尾賢二君です。

もう結婚もしていたし、一歳の子供もいたにもかかわらず、そのまま会社を辞めてしまった。今になって考えても遅ればせの海外だったけれど、なぜかやっぱり行きたかったというか、そのようなオブセッションに取りつかれたんですね。

――どういうルートで行かれたんですか。

高須　横浜からのナホトカ航路です。当時は、ソ連経由ヨーロッパ片道切符というのが、もっとも安くて、海外脱出をするバックパッカーがいっぱいいました。友達の紹介もあって、スペインに行くつもりだった。ナホトカで船上臨検があり、ソ連の官憲が、「ジュルナール！　ジュルナール！」といって我々の船室を調べるんです。それで『平凡パンチ』『週刊プレイボーイ』なんかを見つけてみんな押収してしまった。ヌードも御法度な国ですからね。ソ連じゃ生きられないなと思った。ナホトカからハバロフスクまでは列車で、ハバロフスクから飛行機でモスクワに。バスで市内に入ってクレムリンが見えた時は、写真のとおりだと、びっくりしました。
スターリン建築の豪華なウクライナホテルのレストランで、「モスクワ郊外の夕べ」の生演奏などを聴いて食事をしていると、ソ連はそこそこ豊かに感じましたね。モスクワ見物をしてから国際列車でポーランドへ。機関庫を写真に撮って、警官に追いかけられたりした。ブレストの国境で列車ごと吊り上げられて車輪を交換していたのが、国境を実感させられました。チェコを経てたしかウィーン南駅で朝、解散。私も含めみんな行くあてがあってないような多くのバックパッカーが、何となく途方に暮れてプラットホームに肩寄せ合っているのが、妙に印象に残っています。
イタリア、フランスを横断し、バルセロナにたどり着いた。それからバイトがあるからということで、バルセロナから船で一日以上かかる地中海のマヨルカ島というところまで行った。でも結局のところバイトはなく、途方に暮れてスゴスゴと帰ってきました。帰りの船でぼーっと海をみながら、金はどんどんなくなるし、ほんとに馬鹿なことをしたという気持ちでした。

——それからフランスに戻ったんですよね。

高須　ちょっとした知り合いの紹介で、フランスのディジョンという町に落ち着いた。

ブルゴーニュ地方だから、まさにワインの名産地でグルメでも有名なところですが、そんなことは知らなかった。

――ディジョンというのは行ったことがあるような気がする。それこそ高須さんがいた頃で、朝市を冷やかして、とてもきれいなペーパーウエイト、ガラスの文鎮を見つけたので、それを買った。今でも持っていますが。

高須　そういうのありますよね。日曜日には朝市が開かれていたんじゃないかな。

――お互いに古い話になってしまい、年齢のこともあり、記憶が曖昧なのは仕方ありませんが、話を進めましょう。

4　ディジョンでの生活

高須　ディジョンでアパートをみつけて落ち着いた二ヵ月後に、女房と子供を呼び寄せた。当時はまだシャルル・ド・ゴール空港ができたばかりで、飛行場がふたつも三つもあることも知らずに、最初はオルリー空港に迎えに行ってしまった。それもディジョンからヒッチハイクで行ったので、えらい目に遭ったことを覚えている。

町の郊外の国道のヒッチハイクポイントに立って、「PARIS」と紙に書いてクルマをじっと待つ。それで乗り継ぎながら行くわけですが、途中乗せてくれた人が、「おれは、オムセクシュエルだ。きみは？」と何度も聞くが、よくわからないでいると、こっちの体を触り始める。フランス語は「H」を発音しないから、「なんだ、ホモセクシュアルと言っているのか」とはじめてわかるわけです。降りるわけには行かないので……。エッフェル塔が遥か遠くに見えた時はうれしかった。

――フランス語は日本で勉強してから行ったんですか。

高須　いや、私の場合、語学の才能はまったくないし、最初はスペインに行くつもりでしたので、フランスは予定外だったんです。一応ディジョンでフランス語を学んだということになっている。

大学の時に少しでもやっておけばよかったのですが、六五年入学だったので、ベトナム反戦から始まって学園スト、デモに明け暮れ、ゲバルトの時代でパクられたりなんだりしていたし、フランス語はもともと関係なかった。ナホトカ航路の船底の三等船室で、同室のやつは、「ウノ、ドス、トレス」なんてスペイン語をやっていたわけで、「バス・イスト・ダス？」なんてやっているわけです。そこらへんはかなりいい加減だった。中原中也が聴いたら、ふざけるなというでしょうね。

そんなわけで、言葉もよくわからないまま、アパートをみつけて落ち着いた。

――現地の大学にも通っていたんでしょう。

高須　ええ、ディジョン大学の文学部です。留学生向けの語学コースがあって、アルジェリアやモロッコなどのアラブ系、アフリカ系、ドイツやスペインなどのヨーロッパ、アメリカやラテンアメリカの人たちが多かった。日本人もいたけど少なかった。世界中から学生が集まって勉強していました。

一日二食で、安い学食で昼飯を食べてフランスパンをポケットに入れてきても、持ち金が底をついてきたのに、バイトがなかなかみつからない。知り合った友達と地図を拡げて南のリヨンのほうへ行けば、もうぶどう狩りが始まっているとか話し合って、ヒッチハイクで郊外のブドウ畑のあるところまでいくんです。それで「トラバーユ、トラバーユ」とか言って農家を一軒ずつ訪ねて、犬に吠えまくられながらようやくバイトを見つけました。その友達が、創業以来、カバーデザインをしてもらっていた堀内朝彦君です。それから夜の皿洗いのバイトをみつけ、そこのパトロンの紹介で、パティスリーのバイトをはじめて、ようやく一息ついた。それまでは毎日、女房と残りのお金を数えていましたから。

早朝から午前中はパティスリー、昼飯を食べさせてもらってから、午後は大学へ、夜は六時頃からレストランで、十一時過ぎまで皿洗いをする生活を続けた。

――それにお子さんを連れて行ったというのは当時としてもめずらしかったんじゃないかしら。

高須　それはまったくめずらしいし、私たちだけだった。女房も大学に通いながらランバンのチョコレート工場で働いたりしていたので、子供はクレッシュという保育園に入っていた。

――クレッシュ（crèche）を辞書で確認しましたら、「三歳以下の託児所」とありますね。外国人学生の子供までディジョン市がそこまで面倒を見てくれたわけですね。

高須　だからものすごく助かりましたよ。クレッシュがなかったらどうしようもないところに追いやられていたかもしれない。

それにギベールさんというとても親切なフランス人の一家がいて、たいへん世話になりました。子供連れの私たちを見て大変だろうと思ったのか、大学を通じて会いにきてくれました。娘をとても可愛がってくれたマダム・ギベールは、学校の先生で、ジタン、つまりジプシーの教育と援助をしていました。町はずれの空き地にキャンピングカーが集まっていてそこで暮らしていて、定住しないのです。ムッシュ・ギベールはフランス国鉄の職員で占領下にレジスタンスのマキで戦っていて、奥さんは殺された。マダム・ギベールとは再婚でした。私たちは毎週のように食事に招待され、釣りや散歩、オペレッタなどに連れて行ってもらいました。二年間、本当にお世話になりました。そういう意味で、私はフランスという国にそれなりに恩を感じている。税金を払っていたわけじゃないから。

―― それはよくわかります。今の日系ブラジル人のことを考えたら、彼らの小さな子供たちを日本の地方自治体が面倒を見てくれるかといったら、それはほとんどないわけですから。

ところで話を仕事というか、アルバイトに戻しますが、外国人労働に関してはうるさくなかったんですか。パリでもロンドンでも、労働許可証の問題はとても大きかったと聞いていますが。

高須　私はディジョンだけしか知らないけれど、学生として登録している場合、カルト・ドゥ・セジュールという滞在許可証がでて一応アルバイトは認められていたんじゃないかな。詳しい事情はわからないが、日本の労働基準監督署によるコントロールのようなものがあったことは確かです。パトロンはそれがわかっていたとみえて、「今日はちょっとやばいぞ」とか言われ、休んだこともあった。だけど、当時はまだ景気がよかったから、二年間も続けられたんだと思う。

――七〇年代はヨーロッパの景気が本当によかったから、最も賃金のいい北欧で半年働くと、スペインで一年暮らせるなんて言われていた。

高須 当時はそういう若い日本人が多かった。七一年に連合赤軍と浅間山荘事件が起きて、学生運動の時代が終わる。そのなかで、続ける人、下獄する人、労働運動にすすむ人、海外脱出する人、ふつうに就職する人、このまま就職するのをなんとなく後ろめたく思う人も結構いました。

私は女房と同棲していたので、トラックの運転手などしていたんですけど、結局、就職して給料もよく子供もでき安定した団地生活に入ってしまった。それがいやだったんだと思う。もちろんそうではない生活をしている友達に挑発されたこともあるんですが。

――確かにそういう時代でしたね。六〇年代とも八〇年代とも異なる独特の七〇年代のモードというものがあった。私の友人も高須さんと同時代にロンドンに赴き、苦労を重ねたんでしょうが、そのまま根を降ろし、今では立派な貿易商として、ロンドンに事務所をかまえています。私も彼から仕事を手伝ってほしいので、こちらに来ないかと何度も誘われました。彼のように成功した人は少ないにしても、とにかくアメリカではなくヨーロッパへという時代だった。

高須　ただ実際にフランスで生活してみると、日本人とは異なる亡命者の現実に直面してしまった。友達になった人がそうだったので、強いインパクトを感じました。七二年にチリで軍事クーデターが起き、アジェンデ大統領が殺された。それでアジェンデを支持していた人々がアンデス山脈を越え、アルゼンチンなどに逃げ、それからフランスにも亡命してきた。

ディジョンのようなフランスの田舎町でも、大学にはそういう亡命者たちの支援組織があった。それにまだスペインはフランコの時代だから、スペインの人民戦線の人たちも一家で亡命してきていた。そういう亡命者たちもかなりいて、反フランコ・デモで「アッサンサン・フーランコ！　リーベルテ・プー・イスパーニュ！」（暗殺者フランコ！　スペインに自由を！）なんていうシュプレヒコールが路地にこだましていたのを、いまでもよく思い出します。

――六〇年代にはフリオ・コルターサル、ガルシア・マルケス、バルガス・リョサなどのラテンアメリカ作家たちも実質的にパリに亡命していたから、フランスは亡命者に対しては開かれていた。フランスは人種差別もあるし、階級社会だけれど、その点は買うべきでしょうね。

高須　それは言える。本当に周りに亡命者が多かったから。フランスは政治亡命者たちに対しては開放的な寛容な国だった。だからギベールさん一家のこと、子供のクレッシュと亡命者のことがあるので、フランスに対してはプラスのイメージが強いんです。

――それは高須さんの場合、パリではなくディジョンで、しかも二年間の滞在というのがほどよく作用しているような印象も受けますが、とにかくどちらかといえば、モラトリアム的フランス滞在を切り上げて帰ってきた。

5　雑誌『技術と人間』の時代

高須　それで帰ってきて、今度は中央経済社とまったく異なる環境・公害問題をメインとする技術と人間という出版社に入った。編集部に天笠啓祐君がいて、いまは「遺伝子組み換え食品いらない！キャンペーン」の代表で、科学ジャーナリストですが、彼はもともと高校時代のクラスメイトなんです。社長で編集長の高橋昇さんとも、中央経済社時代からお付き合いいただいていて、飲みに誘われてもいました。そんな縁があったわけです。

――社名と同じ『技術と人間』という雑誌も出していましたよね。

高須　まさにその『技術と人間』をやることになったわけです。技術と人間は、高橋さんの師匠である物理学者の武谷三男や科学技術論の星野芳郎といった左派の科学技術者運動の人びとによって支えられていて、これが七〇年代の公害・環境・原発問題の告発などに大きな影響を与えます。私を入れて三人体制だから、編集と営業の両方を兼ねるしかなかった。当初は高橋さんがやっていたけど、しばらくすると取次営業も私の仕事になった。それと『技術と人間』は月刊誌だったから、ある程度のローテーションを組まざるを得なかった。次の号の特集は私の担当にするとかです。そのようなかたちで、環境、公害、科学技術の問題といった今の緑風出版につながるテーマの特集を組んできた。だから私にとっては中央経済社がホップ、技術と人間がステップの場であったことになるのかな。

――『技術と人間』は五千部ぐらいは出ていたのですか。

高須　五千部は優に超えていました。直接定期講読だけで千四、五百はあったはずですから。その他が取次回しで、正確な部数は覚えていないけれど、トーハンや日販は二千部近い委託だった。だから創刊時は一万部まで行っていたのですが、それでも六千部は確保できていた。

――それは立派な数字だ。

高須　しかし七年間やっているうちにじり貧になってきた。六千部の頃も赤字だったので、ずっと経営的には厳しかった。

――そんなにいたんですか。それならNRに加盟した経緯もご存知なのかな。NRについては後でふれますが。

高須　NR出版協同組合の加盟は高橋さんが決めたんですが、会員社の現代ジャーナリズム出版会、巌浩社長の紹介だったと思います。それは確か七〇年代の後半に入ってからのことでしたね。

――あの頃はNR加盟の出版社が元気がなくなってきた時期だったから、技術と人間が入ることで、新しい空気が入ったんじゃないかという印象がありました。

高須　でも今考えれば、あの頃はまだ十分に元気があったとあらためて実感します。

――それはそうでしょうね。ただ私なんかは技術と人間という理科系のイメージと出す本のコンセプトからして、それまでのNRのイメージと一味ちがう斬新さを印象づけられましたが。

高須　ＮＲに加盟したのは七〇年代後半だったし、ジャンル的には異質だったですが、社会を批判的に捉えていくという点では共通点があったと思います。これもＮＲ理事長の新泉社の小汀良久さんの提案で、七九年に流対協が立ち上げられているから、その前年くらいにＮＲに加わったはずです。それでＮＲの営業委員会に私が出ていた記憶があります。

6　『技術と人間』から緑風出版へ

――でも高須さんは八〇年代に入るとすぐに独立したんじゃなかったかしら。

高須　私が独立して緑風出版をスタートさせたのは八二年です。技術と人間に七年いて、そろそろ自分で始めてみたいと考えていましたから。

――その技術と人間時代に培われた様々な人脈、及び参加した各種の研究会に触発されたことも、独立のきっかけになったと仄聞していますが。

高須　それはあります。その人脈を含めて、すべてが今につながっている。

――高須さんは中央経済社から出版人の道を歩み始めたわけですが、フランス遊学時代をはさむことで、それまでの経済書や雑誌の企画などとは切断され、技術と人間時代の人脈、研究会、知識、思想などをベースにして、自分の創業のメインの出版物に反映させようとするコアが固まり、緑風出版の企画として結実していったということになりますか。

高須　そうです。環境と公害関係のものは技術と人間からの系統をかなり引き継いでいます。それに自分なりの政治と社会問題系をドッキングさせている。当社の場合、キャッチフレーズは「現代を探険する緑風出版」としています。それは要するに環境、公害、政治、社会、その他にも天皇制であろうと何であろうと、今の状況の中で起きている問題は何でもやる、すべてを対象にしていきたいということで、八二年に緑風出版を始めたのです。

――具体的にいうと、『ドキュメント日本の公害』などは技術と人間の流れだとすぐにわかりますが、『ドキュメント昭和天皇』といった企画は別のルートからつながってきたんでしょうか。

高須　いや、そうでもないんですよね。『技術と人間』で七七年十月号、七八年二月号で成田空港問題を特集した。成田空港開港阻止のための企画です。当時、社会評論社の社長だった批評社代表の佐藤英之さんが、三里塚のブックフェアをして運動を支援しようなどといって、熱心に動いていた時代です。その時の筆者の一人が『ドキュメント昭和天皇』を書くことになる田中伸尚さんだった。田中さんとは成田問題の集会で会った。

当時の成田空港の問題は新左翼も含めて、ベトナム戦争の後方支援の軍事基地といった位置づけで反対闘争に取り組んできていた。ところが日本も消費社会化し、海外旅行も増える一方だし、もはやそういった単純な話ではないだろうという思いも生じていた。だからちょっと異なる視点から、成田空港の特集を二回やった。航空旅客の増加の推移、成田空港の適地性、東京における新しい国際空港の必要性といった問題ですね。これらの問題について、色んな人に書いてもらった。その一人が田中さんだったというわけです。新しい国際空港としての適地性に関しては、すでに理論を確立していた東大航空宇宙研究所（当時）の万年助手だった松岡秀雄さんに書いてもらった。そして松岡さんの『成田空港って何だろう』という本を八一年に出しています。

ついでにふれておきますが、要するに新東京国際空港は航空需要からみて必要だ。それならば、新東京国際空港にふさわしい場所は成田なのかということになると、適地ではない。結局は政治絡みのことが優先されているとみなすしかない。その問題に関して最近本家帰りをしていると思ったのは民主党の前原さんです。あの人が国交省の大臣を務めた時に、羽田空港が東京国際空港として再評価され始めた。

私も今週熊本から帰ってきたばかりだけど、羽田は近い。だから空港適地というのは国内線、国際線の乗り継ぎが簡単にできて、都心から近いことが原則だ。どこの空港も都心から三〇分以内であるべきです。ところが成田はその条件に合わない。だからはっきりいって成田空港は適地ではないし、空港としても失敗するという論陣を張った。適地、規模、滑走路の数と三拍子揃って駄目だと。

―― その成田空港の教訓がまったく生かされていないから、その後の地方空港が次々と建設され、採算はとれないし、機能不全に陥っている。これも政治絡みに利用されたということなんでしょうね。

7　市民に役立つ本作りをめざす

高須　結局のところ、失敗から学ぶという視点が政治家にも官僚にも欠けているわけですよ。

雑誌の二つの特集はよく売れて、二つを合本にして『反成田空港論』（七九年五月刊）という単行本にしました。成田空港は、管制塔占拠事件で三月開港が延期、五月開港します。その後裁判闘争になります。私も含め本郷村の出版社の人たちも管制塔占拠の日には三里塚にいったんですが、そこで結構著者に出会うといったことがありました。

その後、大量に逮捕された人たちの裁判闘争になるわけですが、自分たちの運動の正当性を立証するために、証拠として提出、自分たちのよって立つ理論的基盤を『反成田空港論』に求めた。実際に彼らのために役立った。みんなが読んだので、ずっとよく売れもした。

そこで私が思ったのは、これはあくまで私の考えですが、本というものは役立たなければならない。市民、あるいは現代社会の中で被害を受けたりしている市民に具体的に役立つ本が必要だと思った。

国や体制側はその手の本をマニュアル本も含めて多種大量に作っている。そのためのコンサルタントや専門家や学者も雇っているし、味方につけている。

そうではない立場で本作りをしたい、しかも理論的なものばかりでなく、実用性も含めて考えるという視点を絶えずもとうとしたわけです。緑風出版から出している本で、「プロブレムQ&A」シリーズ『ひとりでも闘える労働組合読本』や金子雅臣さんと龍井葉二さんの『「解雇・退職」対策ガイド』といったちょっと変わった実用書はそうした意味がこめられている。それらの出版動機は普通の市民が何かする時に糧になるようにと思ったことにあります。そういう本が本当に少なくなっていると思われますから。

――確かにそうした本はめっきり少なくなりましたね。左翼出版物の後退とともにそれこそいわゆる国や体制に対する異議申し立ての本も成立が難しくなっている。市民の側に立っている本がどれだけあるかといったら、これはきわめて疑わしい出版状況になってきている。

高須　そうなんです。もはや本作りの発想として、そういう企画もよそではなかなか上がってこないし、通りにくいと聞きます。私のようなところでしか出せない。

8　エコロジーの視点

――それはフランスでの経験も反映されているわけですよね。

高須　もちろんあります。従来の新左翼の考え方というのは結局のところ、スターリンを批判しながらも生産力主義論であることには変わりなく、生産力を下げても生活の質は上がるというエコロジー的発想はなかったわけです。だから七二年に出されたローマクラブの『成長の限界』（ダイヤモンド社）に対して、左翼側の理論家の批判はあんなものはまやかしだといった議論で終わってしまった。先駆的な本であることだけでも認めるべきだったのに。

―― 一方でレイチェル・カーソンの『沈黙の春』（新潮文庫）はもてはやされたのに、何かアンバランスな感じがあった。

高須 今でもまだ共産党も含めて、左翼や新左翼系の人たちは、環境問題についてはは本質的な理解に欠ける傾向があります。

―― さきほど高須さんがいわれた新左翼の生産力主義じゃないけど、ソ連の新経済政策などというのもアメリカのフォードシステムを見習っているわけだから、その点に関してはアメリカもソ連も表裏一体で、エコロジーという視点は入っていない。

高須 それでも私がフランスにいた七〇年代半ばの時代は反原発運動が始まっていました。

―― チェルノブイリは何年でしたか。

高須 あれは八六年、スリーマイルが七九年で、すでにその前兆として思想的な転換が始まっていたことになる。だからそういう意味では日本の場合、新左翼の解体がそちらには向かわなかった。

ヨーロッパの新左翼運動の流れに詳しいわけではないけれど、ドイツで緑の党が結成されていく時、社会主義ドイツ学生同盟（ＳＤＳ）のリーダーだったルディ・ドウチュケはその中心になった。そこに至るまでは運動的にも思想的にもすったもんだあったにちがいないが、とにかくエコロジーで世界観を見直す、今までの新左翼を含めた自分たちの世界観を七〇年代半ばにもう一度引っくり返し反核・反原発、環境保護運動を担っていくわけです。

9　オルタナティブと緑風出版

――オルタナティブですね。

高須　そう、オルタナティブの問題ですよ。それはイギリス、フランスも含めた欧州の問題だった。フランスの場合は六八年の五月革命の代表的人物ダニエル・コーンバンディドです。彼は国外追放されドイツで緑の党に参加していく。

――今も彼はずっとかかわっていますよね。

高須　フランス緑の党のヨーロッパ議会の議員を務めているし、五月革命から緑の党へというのは象徴的でしょう。しかし日本の場合は残念ながら市民運動はそちらに向かっていくけど、政治レベルにおいてはそういう方向性は難しい。

―― そこで高須さんが緑の風を引き起こすということで、緑風出版を設立した。

高須 それは関係ありませんけど、そういう意図はありました。その命名は女房でしたけど、社会のグリーン化をめざして、会社を設立したことは間違いないです。技術と人間の最後の頃に、一九八〇年にアンドレ・ゴルツの『エコロジスト宣言』を高橋武智さんの訳でだしました。もともとは「エコロジーと政治」という原題を『共産党宣言』風にかえて出したのですが、好評でよく売れました。こうした本を退職金がわりにいただいて、緑風出版をはじめたわけです。

でもグリーン系ばかりでなく、『ドキュメント昭和天皇』は田中さんと話をしていて、創業時には企画決定していました。

―― フランスとグリーン絡みで、少しうかがいたいことがあります。ちょっと話題が変わりますが、お聞きしていいですか。

高須 どうぞ、何でしょうか。

―― 私はゾラの翻訳もやっておりまして、ボース平野を舞台にした農村小説『大地』を手がけました。ボース平野は一面の麦畑で、フランスの田舎の美しさを彷彿させてくれるし、フランスだけでなく、イギリスも地方の農耕社会の風景は本当に美しいという印象がある。ところがそれが今や日本みたいになっているという研究書が出され始めている。つまり幹線道路沿いの麦畑の中にロードサイドビジネスが林立し、郊外消費社会が出現しつつあるようなんです。

高須　でもそれは特殊な地域じゃないでしょうか。私も四年ほど前に行ったけど、日本のような郊外消費社会の風景はあまり見たことがない。パリ以外は田舎ですから。町の郊外に、カルフールとかの大型スーパーがあって、モータリゼーションが成熟しているから、そうした傾向がないことはないと思います。

ただ、旧市街を中心にした町は、石造りの家などの景観を保護して、むやみに今風のビルなどは建てさせない。古い家が不動産的にも価値があるわけです。クルマの流入規制がされたり、中小商店を保護して、市民は町中でショッピングを楽しむ習慣がある。

――では全国的なものではないのですね。

高須　大体、平野が多く人口も少ないし、看板や建築規制もうるさいから、日本のようにたちまちアメリカ的風景に転換してしまうということはちょっと考えられない。

シャルトルの大聖堂に向かってボース平野の麦畑を行くと、看板があちこちに立っていて、ロードサイドショップが林立している。行っていないのでなんともいえませんが、そんな光景は考えられません。昔、シトロエンの2CVでシャルトルに行ったことがありますけど、いまは変わったのかな。パリ郊外はわかりませんけど、看板規制などがあるから比較的あったとしても、見えにくいかもしれませんが。

―― フランスはナショナリズムも強いし、ディズニーランドも成功していないと聞いています。でもグロバリーゼーションとロードサイドビジネスによる郊外消費社会の問題もあってとても気になるし、エコロジー運動の盛んな国こそそういう風景の出現に対して、敏感なのかと思ったからです。

高須 フランスのエコロジー運動はどちらかといえば弱い。ドイツ、イタリア、北欧諸国が強い力を持っている。それにヨーロッパの場合、原発問題が最も大きい。原発が象徴です。とりわけチェルノブイリのインパクトが強烈だったから。基本的にはソ連が崩壊したのだって、チェルノブイリですからね。そういう意味ではエコロジー運動というのは環境問題と原発問題を両輪にしているといってもいいでしょう。

10　緑風出版創業事情と正味問題

――少し脇道にそれてしまってすいません。緑風出版の創業時のことに戻りましょう。

高須　八二年に始めて、八九年に昭和天皇が死んで、平成元年となる。スタートしてから三年ほど松田健二さんがやっている社会評論社に発売元をお願いしました。

――最初は実績がないし、正味問題もあったので、社会評論社の松田さんのところに世話になったというわけですか。そういえば、確かありな書房も社会評論社を発売元にしていたと思いますが。

高須　そうです。同じ頃です。私は正味問題に関して、色々と経験しているので、しばらくは様子を見てから口座開設をと考えていました。

何せ中央経済社にいた時に七二年のブック戦争に遭遇しているし、書店の不買ストも目撃していますから。書店組合の会長の書泉グランデで、不売対象出版社の棚を紙でふさいでストをしているのを目撃しました。こういう風にやるんだと驚いたことを覚えています。あのころは書店組合も元気でした。あの時正味問題をめぐって、取次から正味引き下げ要求が出され、それをどうすべきかを社内で議論したこともありました。「あと〇・五下げるべきか」なんていう話です。

――そこでどうなったんですか。

高須　定価別段階正味だったから、それを少し下げたように記憶しています。それから『技術と人間』も高橋さんがアグネから独立して始めたので、正味問題の苦労はよく知っていた。『技術と人間』の場合は雑誌でしたから、返品率や実売数が毎月わかるので、取次のチェックは厳しく、部数の交渉も大変だった。だから満を持して三年目の八四年に取次と交渉し、取引条件の問題、つまり正味、支払い保留の問題に直面した。それでも何とか最低正味だけはクリアーできた。この頃流対協に加盟し、八五年に流対協の幹事になり取引委員をしました。支払い保留は数年後に交渉して外しました。

――戦前の出版業界のことを調べても、正味問題がどのように決まるかというのはまったく出てこない。今とは比較にならないほど多くの出版社が設立されているにもかかわらず。

高須　それもそうなんだけど、ひとつだけはっきりしているのは時代を追うごとに正味がずっと下がってきている。流対協でよくいうのですが、創立年度が古ければ古いほど正味は高く、後になればなるほど下がってくる。そして、それが完全に固定化されている。だから、よく流対協では封建的身分制度などと呼ぶわけです。

――例を挙げて恐縮なんですが、口座を借りた社会評論社は六〇年代の設立だから、かなり正味がいいので、口座貸しもできるということになる。

高須　そうです。定価別段階正味ですし。でももはやそのような高正味を獲得できる時代ではない。八〇年代になると、六八掛の正味で、委託歩戻しが三分くらいで、好条件と判断せざるを得ない状況に追いやられてしまった。それに注文品支払い保留が出てきました。でも九〇年代になると、今度は六七掛というのが当たり前で、委託歩戻し五分、注文品支払い保留三〇％などの厳しい条件が科され、実質的には六〇掛を切っているというのが現状です。

――つまり新規出版社の場合、取次ルートだけにたよっていたら、キャッシュフロー経営は不可能だと考えたほうがいい正味と取引条件になっている。

高須　まさにそうです。大手出版社と零細小出版社との取引条件の隔差は開くばかりで、この三十年間進んできたことになります。かつて日書連が出していた正味一覧表というものがあった。それを見ると、岩波書店、講談社、小学館などすべての版元の正味が出ていて、定価別正味は見えないようになっているが、一般正味は全部わかる。それだけ見ても、いかに優遇されているかどうかがわかる。

――それだけでなく、これも既得権でしょうが、大手出版社の場合、新刊にしても注文にしても一〇〇%払いだと聞いている。

高須　流対協加盟の出版社から見れば、とても信じられない条件で、まさに天地の開きがある。

――でも取次にしてみれば、株主である大手出版社の既得権の高正味を下げるわけにはいかないので、新規の出版社に対しての取引条件を下げ、利益を確保するしかなかった。それに大手出版社の場合にしても、新規創刊の文庫や新書の正味は下げられたはずで、それが取次の粗利の上昇につながったと思います。

それと取次にとってメリットだったのは老舗の書店が全国規模で退場してしまったことではないでしょうか。これは本当に皮肉以外の何ものでもありませんが、古い出版社と同様に老舗の書店の正味は取次から見れば、統一正味でかなり低い。出版社によっては明らかに逆ザヤとなるような低正味だったと考えられる。

高須　そうか、やっぱり老舗書店は古い出版社と同じような取引条件なのか。つまり取次にとっては出し正味が低いということになり、利ザヤが少なく儲からない。

——丸善や紀伊國屋書店の取引条件を想像してみれば、何となくわかるでしょう。それに地方の老舗書店の場合、かならず教科書問題も絡んでいるから。

ただそれらに取ってかわり、千三百店のナショナルチェーンとなったＴＳＵＴＡＹＡなどはレンタル絡みで始まったこともあり、取次にとっては高正味で、老舗書店に比べてはるかに利益率が高い。だから取次口銭五％といわれていた時代から変わらないような条件の老舗書店がつぶれ、それがＴＳＵＴＡＹＡのような新興チェーンに変わったんだから、取次にとって歓迎すべきことだったんじゃないかしら。実際にこれだけ出版危機を迎えているのに、取次の粗利益率は上昇していて、今では大手取次は一二、三％になっている。

高須　それは知らなかった。そうなんですか。

私の知っているのは七二年のブック戦争の時に取次口銭は八％が基本になったということです。その後出版社に対して歩戻しとか色んな条件がつくようになり、実質的に一〇％くらいになっていったと認識していた。様々な保留条件をつけていくと、グロスでそうなるのではないかと感じていましたが。

――もちろん大取次におけるCD、ビデオ、DVDといった第三商品のシェアも作用しているのでしょうが、これがこの十数年で出版物売上高が八千億円も失われたのに、取次が何とかサバイバルしてきた要因でしょう。

その一方で、古い出版社と老舗書店との取引の比重が圧倒的に高かった鈴木書店が倒産に追いこまれたのは必然的だったことになる。出版社に対しては高正味、書店に対しては低正味条件を変えられなかったし、新たな好条件の取引先も現われていなかったわけだから。

高須 それはそのとおりです。

11 『ドキュメント昭和天皇』広告掲載拒否裁判

――ちょっと話がずれてしまったので、緑風出版のことに話を戻して下さい。

高須 著者の田中さんとの関係、『ドキュメント昭和天皇』のことは先程話しましたように、緑風出版創業時からの企画でした。八九年（昭和六四年）に昭和天皇が死んで、この『ドキュメント昭和天皇』の広告が『東京新聞』に掲載拒否されるという出来事が起きた。昭和特集の書籍広告だったんですが、「戦争責任を鋭く問う」というコピーが追悼の趣旨に合わないと。それで裁判に訴えることになった。

―― 一言はさんでおきますと、それまでの緑風出版はエコロジーの出版社の印象が強かったんですが、この『ドキュメント昭和天皇』の裁判で、新たな照明が当たり、認知度が上がったように記憶しています。

でもそこに至るには伏線もあったと聞いていますが。

高須 これは丸山昇さんの『報道協定』（第三書館）に書かれていますが、その前年の天皇の下血の後から、いわゆる自粛がはじまり、お祭りまで中止になってしまいました。流対協関係でもこのような事件というか、広告掲載拒否がずっと続いていた。

流対協の出版社を具体的に挙げると、緑風出版も含めて現代書館、第三書館、社会評論社、柘植書房、新泉社なども同様だった。それで一部変更、もしくは掲載中止などが続いて問題になっていた。

これが伏線で、緑風出版が最後になって裁判に踏み切ってしまったことになる。広告の校了したあとになって拒否してきたわけですから。

――『報道協定』は送ってもらいましたから読んでいます。これには緑風出版以外のことも総ざらいして書かれていますし、流対協が日本新聞協会会長と加盟各新聞社社長に宛てて出した「申し入れ」書も収録されていて、当時の流対協のスタンスがよくわかります。

高須 創業してから流対協に入り、ともに歩んでいくというのか、零細小出版社の団体として様々な問題に対応していくというスタンスがこの時からより明確になったと思う。

政府・マスコミが一体になった異様な自粛キャンペーンと追悼のなかで起きた事件で、中日新聞を告訴して、司法記者クラブで記者会見した日の朝は、やっぱり緊張しました。昭和天皇のカリスマ性はすごいですから。女房になにがあるかわからないと言った記憶がありますが、これはややナーバスになっていたんだと思います。天皇制と出版の自由ということもあり、新聞、テレビでも報道されたけど、外国人記者クラブの反応の方がすごかった。ニューヨークタイムズ、ロイター通信、ロスアンゼルスタイムズなどやアジアの新聞の特派員が次々事務所に取材にきました。

カナダにいた友達が、ニューヨークタイムズの大きな記事を読んでいたら高須の名前があると言って、「大丈夫か」と電話をかけてきたりしました。脅迫も来るし激励の電話や手紙もきました。事務所に行く時は一応ぐるりと周りを確かめてから入りました。でもこれは取越し苦労で、お金のないところには右翼もきません。そのような状況の中で裁判になったわけです。

その時の裁判の弁護士は、『全国監獄実態』の解説を書いてもらった海渡雄一さんとその夫人で社民党党首になった福島瑞穂さん。海渡さんは今では日弁連の事務総長です。それから統一協会問題をやった山口広さんです。

―― 錚々たる弁護士陣が揃ったわけだ。裁判のことは話していくととても長くなってしまうと思いますので、簡単にどうなったのかを要約してくれませんか。

高須 この訴訟内容は緑風出版を原告とし、中日新聞社を被告とし、『ドキュメント昭和天皇』広告掲載拒否に対して、一二〇〇万円の損害賠償を求めたものです。九一年の第一審は負けて、ただちに控訴した。そして九四年に高裁で逆転勝訴となり、中日新聞社の主張はことごとく退けられ、これは笑ってしまうしかないんですが、同社に一万五〇〇〇円の支払いが命じられた。

中日新聞社の上告は必至と見られたんですが、最高裁での勝ち目はないと判断したのか、上告を断念し、判決が確定して、緑風出版の勝利となった。少なくとも広告ゲラが責了した段階で契約は成立していたという判断です。裁判所は緑風出版を勝たせたくはなかったのでしょうが、こちらに軍配を上げざるをえず、民事訴訟だから金額を少なくすることで、大した勝利じゃないよ、と言いたかったのでしょう。中日新聞社の当時の会長はカンカンになって怒ったそうで、広告部長なども飛ばされたり、辞めてしまいました。自粛騒ぎに一石を投じることができたし、裁判も勝てたし、やったーという気持ちでした。

――確か長きにわたる戦いでしたよね。

高須　丸六年かかりました。これは丸山さんの『報道協定』にも、また小社の靖国・天皇制問題情報センター編『裁判の中の天皇制』でも一章が設けられていますので、詳細を知りたい方はそちらを参照してほしい。手弁当で支えてくれた弁護士さんには足を向けて寝られません。

この裁判の過程で、八九年三月に特別委員会としての「出版の自由委員会」ができ、私がその委員長になった。出版の自由委員会はその後インパクト出版会の深田卓社長が長く担当して活躍します。

――前にふれた新聞社に対する「申し入れ書」は『裁判の中の天皇制』にも収録されていますが、新泉社の小汀さんを会長とする流対協の名前で出されている。だからこの裁判も流対協のバックアップを受けて進められたことになりますね。

高須　そうです。会員社からもカンパをいただきました。緑風出版はその後、欠陥ゴミ施設問題を取り上げた『崩壊したごみリサイクル』（米山昭良著、二〇〇四年）という本で、元御殿場市長から名誉毀損で訴えられます。途中、著者が亡くなりご家族が孤立するなど厳しい状況の中で、地元の支援や弁護士の樋渡俊一、岩崎真弓両弁護士の活躍で〇六年に勝訴します。これも三年かかりました。

第Ⅱ部

12　公取委の再販見直しと流対協の結成

――ところでこんな機会ですから、少し流対協の成立事情にもふれてもらえませんか。NRは新泉社などを中心とする出版協同組合で、NRはノーリターン、ニューライト、ノンセクトラジカルの頭文字をとったものといわれ、流対協は出版流通対策協議会の略で、NR加盟出版社も包括した零細小出版の文字通り流通対策を考える会とされていますが、すでに出版業界の若い世代には馴染みが薄いというか、知らない人たちも多いのではないかと考えられますので。

高須　流対協の成立は一九七九年です。初代の会長はぺりかん社の救仁郷健社長で、新泉社の小汀良久社長は副会長でした。八七年に図書出版社の山下三郎社長が会長になり、八九年に副会長を続けていた小汀さんが会長になり消費税問題にぶつかります。

結成前年の七八年に公正取引委員会が再販制廃止を検討と発言した。当時の公取委の委員長は橋口収氏だった。また同年には筑摩書房が倒産し、七四年の三省堂に続き、最大の書店八重洲ブックセンターの開店もあり、出版業界は乱世だともいわれていた。

そんな乱世の中での橋口氏の再販制見直し論が出され、七九年には公取委による二千を超える出版社、取次、書店への流通実態のアンケートが行なわれた。それに対して日書連は再販制廃止反対総決起大会を開催し、出版業界全部が反対に回った。

当然のことながら私たちも反対した。橋口発言がきっかけとなって再販制に反対する零細小出版社の集まりである流対協が生まれたわけです。橋口発言の背景にあったのは奥付に定価も表記せず、カバーを変えることで値上げをしたりしているといった見解です。

――三省堂が辞書の定価にシールを貼って、値上げし、それが反発を買って倒産に追いこまれたという事実も踏まえていたんでしょうね。

高須 そうです。橋口委員長は「インフレを背景に、出版社が定価の改訂をしやすくするために、本の奥付定価表示を止め、カバーの刷り直しだけで値上げできるようにしているのは消費者の利益に反している」という趣旨の発言をしています。メーカーが小売価格を決定するという再販売価格維持行為は、縦のカルテルとして独占禁止法で禁じられていますが、著作物については文化的配慮などから同法で例外的に認められてきました。現在認められているのは、書籍・雑誌、新聞、レコード盤、音楽用テープ、音楽用CDの六品目です。しかし、再販制度が許されるのは消費者の利益に反していない限りにおいてだと。

消費者利益に反した場合は見直す必要があるという意見表明だった。

当時のインフレ状況と奥付定価表示なしが結びつけられていた。それにトーハン、日販の二大取次による流通寡占、取次と出版社間の差別取引に見られる優越的地位の乱用などの問題が射程に入っていた。

――でも今になって考えると、この橋口発言は公取委の勝手な見解というよりも、すごく象徴的なものだったように思えます。これは高須さんと意見を異にすることになりますが。少しだけ注釈を加えさせて下さい。まず日本の社会状況ですが、七〇年代前半に初めて第三次産業就業人口が五〇%を越え、消費社会へと移行しつつありました。コンビニ、ファミレス、ファストフードといった現在の社会の主要インフラもこの時代に誕生し、また様々な郊外店ができ、郊外消費社会も形成され始めようとしていた。

出版業界も前述したような出来事や事件の背景には、書籍の売上の伸び悩み、雑誌売上との逆転、コンビニ雑誌売上の成長、商店街の書店売上の低迷と郊外店の出店などもあり、まさに過渡期、私の言葉でいえば、近代から現代システムへの転換の時期に出版業界も入っていたのであり、それを踏まえてのものが橋口発言に象徴的に示されていたんじゃないかと思います。とりあえず、これからの話の展開にあたって、私のこのような視点を提出しておいたほうがいいと判断しますので、中断させてしまってすいません、続けて下さい。

高須　最初の橋口発言に見られた公取委の基本姿勢自体は今も変わっていないんです。この時には書協や日書連を始めとして反対し、また流対協も当然反対した。七九年十月に公取委が出版四団体で構成する出版物公正取引協議会に対し、再販売価格維持励行委員会規約及び再販契約書の修正案文を提示します。要旨は次のとおりです。

まず第一点は、「再販売価格維持励行委員会」の名称から励行を削除し、「再販の共同実施的性格を払拭し、再販制度は各出版社の自由意思で実施すること」。当時、取次店が再販契約書を配っていたこともあったので、取次店の強制のように公取委には見えたらしく、個々の出版社の自由意志でやる、つまり単独実施、任意再販でやるようにということになった。励行委員会という呼び名も業界ぐるみで共同行為でやっていると見られたわけです。

第二点は、「すべての出版物が自動的に再販商品になることを改め、発売時から非再販で発行することも自由にすること」、つまり商品ごとに再販商品にするかどうかを決めなさい、部分再販にしなさいということで、非再販品も販売できるようにした。

第三点は、出版社の意思で一定期間後に定価表示を抹消して値引きで販売すること、つまり時限再販の導入をした。

第四点は、出版物に再販商品である旨の表示、つまり「定価」と表示することを義務づけた。

第五点は、景品付き販売の禁止を改めること。

八〇年三月、公取委と出版物公正取引協議会との間で、前記の内容で再販契約書と再販売価格維持励行委員会規約の改訂で合意が成立、十月から新再販制度がスタートします。流対協は、再販制の原則擁護の観点や時限再販に反対して独自の再販契約書を作成しました。ともあれ、これが現在の再販制度の骨格です。

――しかし実際にはほとんど部分再販も時限再販も導入されなかった。

高須 そうです。制度的にはやりたい出版社はやれるようになったのですが、ほとんどやるところがなかった。やる動機もなかったからです。

ところが、八九年二月、消費税の導入にともなって公取委は「再販価格は税込み価格」を主旨とする「消費税の導入に伴う再販売価格維持制度の運用について」という行政処分を行ないます。また「消費税導入に伴う価格表示について」を公表して、税額表示を「定価一〇三〇円（本体一〇〇〇円・税三〇円）」と内税表示することを義務づけ、九〇年一月一日までに新定価表示に移せということになった。書協を含め大部分がこの表示に従い、取次店は取引計算の基準を内税（税込み）の取引を指示した。

このため出版社はカバーを刷り直したり、定価表紙のシール貼りで膨大な経費と労力を強いられることになりました。また採算が合わないとして、少部数の専門書を中心に絶版が急増、また将来の税率変更を畏れて、奥付定価表示が事実上なくなってしまいました。

ここまでが、安易な定価値上げに端を発して、定価表示をめぐって本の再販制度が揺れた第一期といえます。皮肉にも公取委によって消費者利益に反する値上げ手法と指弾された定価表示は、公取委の消費税税額表示の行政処分で事実上、奥付定価表示が消えてしまうという結果を招いたのです。

―― 確かにそうですね。

13　日米構造協議と要望書

高須　そして、規制緩和を背景にした第二期の再販制度廃止論議が九〇年代の半ばから始まります。九四年七月に、政府は、「今後における規制緩和の推進等について」を閣議決定、「再販売価格維持制度については、平成九年（九七年）度末までにすべての指定品目の取消し及び著作物の範囲の限定・明確化をはかる」ことを決めます。

九月、公取委はこれをうけ「政府規制等と競争政策に関する研究会」（座長・鶴田俊正専修大学教授。鶴田研究会）の中に「再販問題検討小委員会」（座長・金子晃慶大法学部教授、いわゆる小委員会）を発足させ、①著作物の範囲の明確化、②個別品目ごとの評価を目的に、関係業界のヒアリングをはじめます。九四年十二月、政府は行政改革委員会を設置する。九五年七月「再販問題検討小委員会」が中間報告「再販適用除外が認められる著作物の取り扱い」を発表、著作物再販制全廃の方向を示唆します。

これに驚いて、出版、新聞などの業界、文化人などが著作物再販制廃止の動きに対する反対運動が活発化するわけです。

私は、この背景に八九年、平成元年に始まった、日米構造協議があるとみています。米国側から日本の非関税障壁の撤廃など、さまざまな規制緩和要求が強硬になされます。これはブッシュ（パパ）大統領が提案したもので、米国としては年間五〇〇億ドルにのぼる対日貿易赤字を背景にした日米貿易摩擦の解消が目的です。書店に影響する問題では、大規模小売店舗法の廃止と、それから再販制度の廃止です。

九五年（平成七年）十一月二十二日、著作物再販制度について米国側は、「米国政府の日本における規制緩和、行政改革及び競争政策に関する日本政府に対する要望書」（平成七年外務省作成）で「再販売価格維持に関する適用除外のすべてについて、九八年（平成十年）度末までに廃止する観点から見直しを行う」ことを要求します。九六年（平成八年）十一月十五日には「日本における規制緩和、行政改革及び競争政策に関する日本政府に対する米国政府の要望書」で、米国政府は、適用除外を九七年（平成九年）度末までに見直しを行う。

特に以下の項目の廃止を重視する。　a　独禁法二十四条の二に含まれる再販売価格維持に関するすべての適用除外　b　景品表示法十条の二」と要求します。期限を前倒しにもしてきています。内政干渉そのものといえる日米協議の中で、各産業に関する法律の改廃条文が米国側から具体的に要求されることは頻繁に見られることでしょうが、ここでもおなじことが行なわれました。独禁法二十四条の二とは、著作物再販を含む再販売価格維持契約を定めた条文です。廃止の期限まで一致していますから笑えますよ。

政府は要望があったことは認めたのですが、「著作物再販制度の在り方についての検討の際の参考意見として取り扱っているところである」とし、約束したとは言っていないと答えたんです。
これは流対協が社民党の大脇雅子議員を通じて行なった質問主意書に対する小渕恵三首相の答弁書（九八年十月二十七日付）で初めて明らかになったことです。総理大臣の答弁書というのは、国の正式な答弁ということで、国会答弁より正確といわれています。ウンと言ったたに決まってますよ。その交渉の中身は書いてなかったが、三回にわたってそういう要望があったと記されていた。もっと以前からあったと思っていますが、調べてもよくわからない。

——私も要望書に関することは随分調べたし、それは『出版業界の危機と社会構造』にも書いておきました。

高須　よく調べてあって、あの第二の敗戦の現実として書いているところでしょう。

——要望書自体は日本のアメリカ大使館のホームページで誰でもアクセスできる。しかしその日本語の文章がおかしい。何か日本語になっていない部分も多々あるし、打ち出してじっくり読んでみても原文で確かめてみないといけないのじゃないかという気になる。またそれが巧妙なカモフラージュになっているんじゃないかとも邪推してしまう。

高須　確かにそうかもしれない。

そこに至る動きを整理してみると、九四年に閣議決定がされて、見直し議論が始まる。当時の行政改革委員会の規制研究会、再販問題検討小委員会の中での論議になり、九五年に全体の方向性が示唆されていくようになる。それで反対運動が盛んになると同時に、もう一回アメリカから独禁法二四条の二に含まれる再販売価格維持に関するすべての適用条件を廃止しろという要求が出されるわけです。

だから簡単にいってしまえば、明らかに内政干渉。日米構造協議というのはすべてが内政干渉ですよ。再販制廃止に象徴される一事が万事みたいなもので、他のことも全部押しつけてきている。

大店法の絡みもあって、当然のことながらあのトイザらスの開店に対する反対が起きた。ところが大店法の規制緩和を後押しするように、奈良の橿原神宮のある橿原で、ブッシュ大統領臨席の下にトイザらス二号店をオープンした。何か象徴的ですよね。それは確か九二年の出来事だったと思うから、これもその前哨戦だった。

——　この件に関しても少し補足させて下さい。トイザらスを仕掛けたのはマクドナルドの藤田なんです。彼の背景と戦後史をたどっていくと、ある事実に突き当たります。藤田は東大時代に日本共産党の細胞で、後のセゾングループの堤清二、読売新聞の渡辺恒雄、日本テレビの氏家斎一郎、流通革命のイデオローグだったペガサスクラブの渥美俊一たちも同じ組織に属していた。だから彼らは元マルキストだったことになる。

その彼らが藤田にしても堤にしても渥美にしても、戦後の流通革命の担い手だったこと、日本の消費社会の造型者だったことを含め、彼らとアメリカの関係はもっとよく考察されるべきだと思われます。

それと大店法の規制緩和というのは第二の農地改革と見ることも可能で、その結果として出現した巨大な郊外ショッピングセンターはその象徴のように映る。

高須　そこにアメリカの流通大手、そして日本の流通大手が入りこんでくることになるのは明白です。

まあ、それはともかく本のほうもアマゾンを想定したと思われる要求が出されてくる。それで再販見直し議論が始まったが、新聞・出版の反対運動は、議員も巻き込んで激しかった。九八年末までにやれといわれたので、政府は同年の三月三十一日に約束したように行政改革推進本部の規制緩和推進三ヵ年計画を閣議決定した。

公取委も同日「著作物再販制度の取扱いについて」を公表して、再販制度については六品目に限定して引き続き検討を行うこととし、一定期間経過後に制度自体の存廃についての結論を得るのが適当である、具体的には三年後に結論するとします。また、このとき、関係業界に対して、消費者利益の観点から六項目の是正措置も求めます。反対運動が強かったから、即廃止というわけにはいかず、当面三年間考えさせてくれという態度を表明したわけです。

14　再販制度廃止が三年モラトリアムへ

――つまり三年間のモラトリアム表明ですね。

高須　そういうことになります。この時の声明は「再販制度を維持するべき相当の特別の理由が必要であり、今後行政改革委員会最終意見の指摘する論点にかかわる議論を深めつつ、適切な措置を講ずる」というものだった。三年間先送りにして、継続審議とした。消費者団体からは著作物の再販制度について止めてくれという要望は一件もないし、一部の新自由主義の学者が金太郎飴書店ばかりで買いたい本がない、注文品が遅いのは再販制のせいだ、廃止してしまえと、アメリカの意に沿ったような発言を研究会やテレビでやっているわけです。

実際のところアメリカの内政干渉、外圧以外の何ものでもないと考えるしかない。再販制の問題に象徴されるように、日本の政治のやっていることは一体何なのだという声を上げたくなる。アメリカの要望書の順序に行政が進められているだけじゃないかと。

私はナショナリストでもないし、中日新聞との裁判の時には「オマエら日本人か、日本から出て行け」というイヤガラセの電話を多く受けました。しかしここまでアメリカの言いなりになる政府に対して、憤りを覚えます。アメリカの五十何番目かの州、事実上の属国だといわれてもしょうがない。これらの事実をマスコミは伝えないし、要望書に関しても新聞報道すらもされない。

15　標的にされた再販制とアマゾン

――そのことを指摘した関岡英之の『拒否できない日本』（文春新書）は国会議員たちもよく読んでいて、勉強会まで開かれていたようなのに、基本的に新聞では扱われない。

高須　それは聞いています。ところが再販制廃止は、新聞、出版というマスコミそのものので、当然、反対運動が起きたので、アメリカの言う通りにというわけにはいかず、三年間の据え置きとなった。でもそこで流通上の是正をしろといわれた。書協の首脳たちはこれから三年の間に公取委の意に沿うような弾力運用をしないと、再販制度は維持できないという考え方になってくるわけです。

それでいわゆる弾力運用一本槍になった。バーゲンブックをやるのも、弾力運用の何もかもがともかく再販制度を守るためなんだと。

——なるほど、それで書協によるバーゲンブックなどをめぐる構図が描かれていくわけですね。

高須 当時はそれはそれで、理屈として一定の整合性はあった。けれども流対協としてはそこに理由は求められず、原則として再販制を守るべきだという立場にあった。再販制下にあると指摘されるいくつかの弊害は確かに認めるべきだが、それについて是正しろという問題の背景に取次の寡占があると流対協は認識していたからです。

第一期の公取委の橋口発言に含まれていた取次の寡占問題がまずありきだと考え、それを指摘されている弊害のコアにすえるべきだとも見なしていたからです。それらが再販制度そのものに起因しているのではないという視点です。

16　廃止論者の言い分の問題点

――具体的にいいますと。

高須　その前に、再販制の廃止の根拠は何かということを触れておきましょう。当時の行政改革委員会規制緩和小委員会報告書「著作物の再販売価格維持制度の見直し」は、出版物の再販制度の弊害について、次のように述べています。

「書籍及び雑誌については、品揃えに乏しい、注文品の取り寄せに時間がかかる、在庫検索もできないといった非効率的な書店が効率化に積極的でないまま残っている。また、遠隔地で多様な書籍及び雑誌を安く入手するのに有効な通信販売やブッククラブも、値引きができないため発達し得ていない」

これは当時、再販廃止論者から再販制の弊害として指摘された問題で、小さな書店はどこも同じような「金太郎飴」のような書店で、品揃えが少なく、注文してもいつまでたっても本が入荷しない、本の在庫を聞いても分からない。こうした書店は再販制にあぐらをかいてやる気がないといった意見です。しかし考えなくても、書店のスペースがなければ多様な品揃えはなかなかできないし、注文品の取り寄せに時間が掛かるといってもこれは取次店など流通上の問題があるわけです。在庫検索ができないといっても、これは当時はまだコンピュータによる在庫検索システムが普及していない時代であり、無い物ねだりの意見といえます。

この文章の根底にある考えは、返品ができる委託販売とセットになった再販制度のもとで、それに安住して読者の利益を考えない「非効率的な書店が効率化に積極的でないまま残っている」。こんな怠惰な小書店が生き残れる再販制などなくしてしまえという考えです。

しかし金太郎飴書店の話などは、ためにする議論です。再販制のない新古書店が差別化された豊富な品揃えをしているのか。神田のような書店街にある個性的な書店などは他の大都市でも成立するのは至難の業で、いまやそうした書店もほとんどなくなっています。地域の小さい書店には、定番の雑誌と本があってもいいわけで、そうした書店が全国的な読書におけるユニバーサル・サービスを担っているわけです。

注文品の取り寄せに時間が掛かるという意見にしても、他の業界で、たとえば電気製品で、店頭にない商品を取り寄せようとすれば、二、三週間待たされるのは当たり前だし、もともと取り寄せさえしてくれなかったり、すでに品切れになっていたりするのはよくあることです。それに比べれば書店は儲からなくても手配をするし、出版社はなるべく在庫を切らさないようにしているのが常識で、かなり良心的な業界だと思います。しかも、業界ぐるみの努力でスピードアップもされています。

また、再販制度の弊害として「遠隔地で多様な書籍及び雑誌を安く入手するのに有効な通信販売やブッククラブも、値引きができないため発達し得ていない」と指摘されています。出版物は東京一極集中の傾向が強いが、もともと地方発送用の運賃を出版社が負担して（地方正味格差是正金）、全国一律の定価での販売を保証してきた歴史があります。郵便と同じこのユニバーサル・サービスは日本の知的文化的教育的発展を支える力になってきた。各地各地方の生産拠点で大量生産する商品は全国一律の値段かもしれないが、そうでないものは消費者が送料を負担するのが一般的ですし、遠隔地になればなるほど運賃コストもかかるので送料は高くなるのが普通ですよ。

しかも、出版物の価格が物価の優等生であることは、誰しも認めるところです。

こうした出版界では胸のはれるユニバーサル・サービスに満足せず、規制緩和小委員会報告書は、遠隔地でもより安く出版物が入手できないのは、再販制があるため値引き販売や送料通販会社負担の通販ができないので、通信販売の発達の障害になっていると指摘します。

訳の分からない理屈ですが、今となって考えればアマゾンの日本進出の障壁になっているということでしょう。アマゾンの上陸は二〇〇〇年です。この年、大規模小売店舗法も廃止になります。大型書店の大量出店時代を迎えます。それは当然、過剰送品、大量返品の温床にもなっていきます。

それから再販制の弊害としてよく言われることで、返品率が高いので断裁処分にされる本が大量に発生し、非効率で無駄が多いということがありますが、これも違うと思います。取次と大手出版社の取引条件の問題、前にも少しふれた新刊、注文に対する一〇〇％の翌月払いといった大手出版社への金融優遇システムからすれば、それは確実に大量生産どころか、過剰生産になり、返品率も高く、効率も悪くなっていきます。また、取次店の書店に対する請求方式、新刊委託も注文品も翌月払いで、支払いを一〇〇％要求する。日書連が取次店に対して要望している問題で、返品入帳日と納品日を一致してくれという当然の要求がありますが、納品の締め日より返品の締め日がずっと早いんです。こうしたことでは、売れてないものの代金まで請求されるわけですから、書店はどんどん返品しないと支払いができなくなります。いわゆる金融返品で返品率が高くなっている。再販制の弊害で返品率が高いわけではない。

このように、指摘されている弊害の問題は再販制度そのものによるものではない。たしかに指摘される問題点は、もともと当時も出版業界が解決すべき流通・取引上の課題としてさまざまに議論され、取り組んでもいた問題で、再販制のあぐらをかいた「非効率的な書店が効率化に積極的でない」からではさらさらないのです。再販廃止論者は、こうした業界の問題点は再販制を廃止すれば解決できるとすり替えて主張した。

行革委が再販制度の弊害として具体的にあげているのは、以上のことであり、それ以下でもない。もちろん改めるべきものは改めるけど、流通上の改善策と再販制度は分けて考えるべきだというのが流対協の基本的立場でした。

17　公取委の是正六項目

高須　この九八年の三年延長の際に、公取委のだした、流通・取引慣行上の是正六項目は次のようなものでした。

1　時限再販、部分再販の運用の弾力化
2　各種の割引制度の導入等価格設定の多様化
3　再販制度の利用・多様についての発行者の自主性の確保
4　サービス権の提供等消費者に対する販売促進手段の確保
5　通信販売、直販等流通ルートの多様化及びこれに対応した価格設定の多様化
6　円滑・合理的な流通を図るための取引関係の明確化・透明化その他取引慣行上の弊害の是正

——そうか、この是正勧告を受けて、ポイント制の導入などがあったわけで、公取委のお墨つきの再販制の弾力運用と位置づけられるんですね。

高須　まさにそのとおりです。書協などの出版四団体は、共同声明を発表して「出版流通改善の改革のために全力をつくします」というわけです。そして、弾力運用をしないと再販制度を守れないというかけ声のもとに、バーゲンブックが盛んに行われるようになるわけです。四団体の再販制度弾

力運用推進委員会（現在の出版流通改善協議会）が、毎年、弾力運用の成果を弾力運用レポートとして出していくわけです。

18　再販制度の当面存置

――それで二〇〇一年三月に至る。

高須　そういうことです。〇一年三月に再販制度の当面存置が決定する。公取委として再販制度を廃止すべきと考えるが、「文化・公共面での影響が生じるおそれがあるとし、同制度の廃止に反対する意見も多く、なお同制度の廃止について国民的合意が形成されるに至っていない」ので、「当面、同制度を存置することが相当である」となったわけです。しかしその時、公取委は国民的合意を得ていないので、得るように「努力を傾注」するとの文言も含ませていた。反対も多かったので、いずれは廃止するつもりだが、当面存置するということになった。八〇年の新再販制度のまんまということになります。

――高須さんは公取委の再販論議とアメリカの要望書の関係に注視していますが、実は拙著の『出版社と書店はいかにして消えていくか』が九九年に出されたことも、公取委にはかなり衝撃だったと聞いている。

公取委にしてみれば、実は再販制廃止の方向で動いていたんだけれど、私の本が出て出版社と書店が置かれている危機的状況を初めて理解したらしい。だから今の時期に再販制を外したら、ただでさえこんな状態なのに出版業界はどうかなってしまい、それが公取委の責任になってしまうから、それで延期するに至ったとの話も寄せられている。

私にも公取委は文書を送ってきているし、電話もかかってきたことがある。やはり私の本で初めて出版業界の状況というものを目の当たりにし、認識が変わったような気がする。アマゾンの日本における進出もそれと無縁ではないと思っています。

高須　なるほど。それで当面存置の際に、是正六項目も継続されたので、さらに書協などの弾力運用の声が強まります。出版再販研究委員会は時限再販をやる場合の定価の抹消の仕方などを定めた「出版物の価格表示等に関する自主基準」「同実施要領」や新しい「再販契約書ヒナ型」などを決め、書協・雑協は、会員向けの「再販制度　弾力運用の手引き」を作成、部分再販、時限再販のやり方、バーゲンブックフェアなどの指導に乗り出していきます。

当面存置されたのだから、新聞業界のようにやれることとやれないことを主張すればいいのに、なんでも従うわけです。

　ポイントカードについて公取委は、九九年十二月二十八日の「著作物再販制度下における関係業界の流通・取引慣行改善等の取組状況等について」で、ポイントカードは、商品の「購入額に応じて一定のポイントを与えるポイント数に応じて金券の提供等を行うものであり、実質的に値引きと同一の効果を有するもの」であると判断していた。また〇一年三月二十六日には糸田省吾公取委員も実質的値引きで再販契約違反と明言しています。

　ところがどうも、公取委の考えが曖昧なため、当面存置が決まったあと、流対協は大脇雅子参議院議員に「著作物再販制度の取扱いについて」の疑問点を質問主意書として質問してもらう際に、ポイントカードについての質問も加えておいた。

　この質問主意書に対する小泉首相の答弁書は、〇一年七月三十一日に出された。これによると「お尋ねの割引制度やいわゆるポイントカードの提供が、再販売価格維持行為について定めた事業者間の契約に反するかどうかについては、当事者間において判断されるべき問題である」というものだったのです。

　それで流対協は当然、ポイントサービス反対の運動をはじめたのですが、今度は、日書連（萬田貴久会長）がポイントサービスを止めさせるよう書協版元に要請行動に立ち上がったのです。出版再販研究委員会も値引きに当たり再販契約に違反するとして書協版元も動き出しました。しかし公取委の野口取引企画課長が、低率のポイントカードに反対するのは消費者利益に反する、要請行動などが共同行為に当たり独禁法に触れるおそれがあるといって横やりをいれたことから、書協が動揺し、日書連は孤立し要請行動を打ち切り、〇五年に萬田会長は責任をとって辞任してしまった。

それからポイントサービスは一%くらいのお楽しみ程度はいいということになって、今日まできているのです。現実には一般書店ではできないようなアマゾンをはじめとしたポイントサービスが行われ、町の中小書店を苦しめているわけです。

書協は、当面存置がいつひっくり返されるか分からないから、弾力運用をやらないと、まだ言っているので、〇六年の一月に公取委と話し合いをした際、猪俣健夫取引企画課長補佐に「当面存置というのはどのくらいの話ですか」と質問したことがある。そうしたら、五年やそこらで反古にして見直しに入ることなどありえない。大体十年だとの答が返ってきた。ひとつの法案、もしくは制度改革が頓挫すると、次にそれをやる場合、十年後になってしまうんじゃないかと判断していたようです。

―― なるほど。

高須　それからもう十年も経っているわけだけど、再販制度を存続させるためにはこういう弾力運用をしなければならないと四団体は思いこんで、今も続けていることになる。その結果、出版業界においては、再販制度の形骸化が進んでいく。神田駅前ポイントカード戦争による書店の共倒れがおきます。バーゲンブックにおける定価抹消のルールの緩和などで出版社は好き勝手に同じ商品を非再販にしたり再販にしたりして売っていくわけです。部分再販は許されているのにそれはなかなかやらない。再販なんかいらないという版元がとくにアンフェアなやり方をするわけです。再販はいらないというなら、最初から自由価格にすればいいんです。ところがそれはやらない。手足を縛られている書店が怒るのは当然ですよ。

日書連再販研究委員長の岡嶋成夫氏は、「ネット上でなら半額で新刊書籍の購入が可能、一方、書店を通した注文は『定価販売』という。『一物二価』の最たるものである。しかも、一定の期間が過ぎたら再販定価に戻すという。ご都合主義の時限再販は、業界を混乱させるばかりである。こうしたことがまかり通ってしまうと、『定価』に対する信頼などものの見事に素っ飛んでしまうのではないのか。公取の指導というよりも、『単なる出版社エゴによる在庫一掃セールではないのか』と言っては言い過ぎだろうか。」と、『二〇〇七年

出版流通白書　再販制度弾力運用レポートX』（出版流通改善協議会編）で批判していますが、当然です。

そうなれば書店だって新古書併売をやろうというところもでてきます。出版流通の相互不信を招いたところに弾力運用の最大の罪があると思います。

19　再販制度の存置が確定

高須　その間に出版業界は大不況に陥り売上は九六年の二兆六五六三億円をピークに急速に減り、書店も出版社もどんどん倒産した。再販廃止論者にいわせれば、再販制度があるから、出版業界は定価販売でみんなぬくぬく暮らしていけるはずなのに、そうはならなかったわけです。

ところが三年ぐらい前に、公取委は取引上、流通上の弊害の是正と再販制度の存続は関係ないという発言をするに至る。たとえば、〇八年六月十九日に公正取引委員会主催の第八回著作物再販協議会が開催され、高橋省三公取委取引企画課長は、次のように発言した。

「関係業界におきまして流通、あるいは取引において問題点を是正する取組が著作物再販適用除外の存置の条件になっているという関係にはないということでございます」

それも何度も説明を繰り返しているわけです。書協の流通改善協議会、その他にも様々な席上や場所で、両者は直接関係ないし、再販制度とリンクさせないで、是正はそれはそれとしてやってくれていいとアナウンスするようになった。そしてリンクされたら困るというようなニュアンスになってきた。

――再販制に対する風向きがまったく変わってきたことになる。それが十年経っても公取委から何も出されていないことの証明になるのかな。でもこの事実はほとんど伝えられていない。

高須　そうです。そこで結局十年経ってしまったわけだから、一〇年十月に電子書籍の件などで、流対協として公取委に要請に行った。電子書籍の定価について、どこでいつ決めたのかという話を聞きにいったわけですが、ついでに再販制度のことも尋ねた。

「見直しをやるんですか」と。そうしたら、「見直しはやらない。これは政治マターだから、政治家のほうからいってきたら検討するかもしれませんが、私ども官の側でやるという考えはございません」というのが答だった。

これは事実上、公取委は再販制度を自ら廃止する動きを諦めたことを表明したわけです。私たちから見れば、長い時間だったけど、ずっと主張してきた基本的な再販制度は法的な面で守られたことになる。第一期の橋口発言から考えれば、流対協としては三十年以上に及ぶ長い闘いだったけれども、制度廃止を阻むことができたと思っています。

――これも他意はありませんが、本当にご苦労様でした。

高須　それはいいんですけど、現実問題として公取委がそれを公的に認めるかどうかということも残されている。流対協としてはひとつの起承転結をつけたいので、公取委の正式な説明を聞きたいと思っていて、十一月二十九日に公取委に呼ばれて、申入れの回答を聞いたときに、改めて確認すると、池田卓郎取引企画課課長補佐も同じことを言うわけです。

――このほど公取委は〇八年から休止状態になっていた著作物再販協議会を正式に廃止し、「新聞」と「書籍・雑誌」と「音楽用CD」の三業種別に、それぞれの業界現状をヒアリングする形式へと転換と伝えられていますが。

高須　そうなんです。その際に、そう言われました。再販制度をトータルに問う会はもはや開かれない。もはやトータルとしての再販制度は論議されないと見ていい。そこで、流対協の機関通信で、そのことを書いたりしても、大したニュースにはならない。業界関係者には伝わってはいるんです。

それで十二月二十日になって、公正取引協会主催の公取委の松山隆英事務総長の講演会で、公取ＯＢで公正取引協会・舟橋和幸常務理事の質問に答えて、松山氏は「再販制度を見直す予定はない」と明言します。今年（二〇一一年）の一月十三日に都内で公取委の竹島一彦委員長が講演し、同じ人の質問に答える形で、「十年を経ても世論の状況は変わっていないことから、再販制度を見直す予定はない」と同じことを言う。

もうこれは、出版業界側から聞かれないからアナウンスしているわけです。それを聞いたある出版四団体関係者は、「今までのことはなんだったのか」と言ったそうです。今までの弾力運用は何だったのかということでしょうね。

20 アマゾンによる再販制の崩壊

高須 ただ問題なのは実質的に再販制度そのものが内部的に崩れてきている要素がかなり出てきたことです。それを象徴しているのがアマゾン問題だと思う。

――私も同感ですし、送料無料ということで実質的に再販制を突き崩してしまった。だからアマゾンの進出は地方の中小書店の客注の激減につながり、多くを廃業に追いやった原因だと考えられる。

高須　二〇〇〇年にアマゾンが上陸する以前の九八年に再販制度に関して、行政改革推進本部の規制緩和小委員会の報告書「著作物の再販売価格維持制度の見直し」というのがあって、そこに具体的に大体次のようなことが挙げられている。

先ほど読み上げた文章です。「品揃えに乏しく、注文の取り寄せに時間がかかり、在庫検索もできない非効率な書店が効率化に積極的でないままに残っている。また遠隔地では多様な書籍や雑誌を安く入手するための有効な通信販売やブッククラブも、値引きができないために発達し得ていない」のが日本の現状だと。

これは明らかにアメリカの口真似というか、アメリカがいっている。

――要望書そっくりの言い草ですよ。つまり日本にはアマゾンが必要だと翻訳できる。

高須　そう思います。日本の中小書店はつぶしてもかまわないと具体的にいっているようなものです。でもそれこそこれも流通寡占の問題も絡んでいるし、店舗が小さく品揃えも乏しいと決めつけることは正しいのでしょうか。

――今になって思うと、日本の書店は小さいけれど、それなりにすみ分けして何とかやってきたのではないかというのが私の意見です。私たちの書店体験を考えてみても、丸善や紀伊國屋書店に出入りしていた人々は少数で、大半が商店街の書店を利用して育ってきた。確かに都市と地方の文化隔差は大書店のあるなしが大きく作用していたけれど、ひどい不自由を感じたことはなかった。すみ分けということで語れば、郊外店出現以前の商店街の書店時代は取次別に老舗書店から小書店までが、それぞれ得意な分野や外商活動によって特色を出し、それで書店を営んできた。その証拠に現在のような書店の倒産や廃業は起きていなかった。出店規制もあったことも事実ですが、それだけは確かなことです。

高須　それは本当ですね。

――私は出版に関する本を多く出しているので、出版論が専門なのかと思われがちですが、実は戦後社会論と郊外論をずっとやっていて、それの応用というか、バリエーションが出版論なんです。

これは何度も書いていますし、話してもいますので、繰り返しで恐縮なんですが、ある時に日米の産業構造の推移を見ていて、本当に驚いてしまった。八〇年代の日本の産業構造と日本を占領していた時代のアメリカの産業構造がまったく重なるのです。敗戦時の日本は第一次産業就業人口が五〇％近い農耕社会であることに対して、その当時のアメリカはすでに第三次産業就業人口が五〇％を超えている消費社会だった。

だから私はそれに気づいた時、かつての太平洋戦争はアメリカという消費社会と日本という農耕社会の戦いで、消費社会に敗北したのだとわかった。ＧＨＱの農地改革はその農耕社会を解体するためのものだった。そして日本の八〇年代になってディズニーランドが開園し、幹線道路沿いにロードサイドビジネスが林立し、郊外消費社会が全盛となり、アメリカの風景と同様になったことで、真の占領が完成したのだと思いました。

高須　なるほど、それを称して「第二の敗戦」といったわけですね。

――　それからもうひとつＧＨＱの分析を通じて、アメリカの経済学者たちがいっていたことがある。それは非効率な日本の商店の問題です。これは高度成長期の日本の商店に対してですが。

高須　そんなに早い時期からアメリカは日本の商店について言及していたんですか。

――　そうです。人口の割合からいって、日本の商店はアメリカの倍近くもあり、零細で生産性は低く、家族労働に支えられ、同じく日本の農業との類似も指摘している。

だから堤清二を始めとする元マルキストたちが流通革命に参加していったのは偶然ではなく、これが農地改革に続くアメリカ的革命であるから、それを実践しようとしたのかもしれない。日本の商業と商人の近代化路線で、それもすべてがアメリカを範としている。その挙句に八〇年代になって日本の商店街は壊滅状態になってしまった。ところが元マルキストで流通革命の担い手だった堤や藤田、それにダイエーの中内はバブル崩壊とともにアメリカから切られるようなかたちで退場させられてしまった。

それらの動向とパラレルに要望書が出てきて、日本の書店とアマゾンの構図になったと私は考えています。

高須　そうかも知れません。それからIT問題でいえば、アメリカのほうがずっと先行していた。九五年にウィンドウズ95が出て、一般の消費者がパソコンを使い始める。いってみれば、日本では九五年から始まり、みんなが使うようになるのは二〇〇〇年以降です。取次と書店との出版情報検索システムの導入もトーハンのSUPER TONETSが九一年、当初は利用料も高く、大手書店からの導入で、PC時代になって九六年十一月に日販のPC—NOCSが稼働をはじめている。

要するにコンピュータシステムがまだ普及していないわけだから、そんな時代にアメリカと日本の書店の比較をして、在庫検索ができない、流通が遅い、品揃えが乏しい、店が小さいことをやり玉に挙げても、社会構造と日米の出版業界の歴史が異なるし、それゆえに退場してもかまわないというのは理不尽な要求だともいえます。

――それもすべて消費者のためで、読者のことは一言も語られない。それともうひとつはＩＴとともに進行したカード社会化ですね。カード決済ができなければ、アマゾンは成立しないし、ポイントカードもなかったでしょう。

高須　だからそういう書店は一掃してもかまわない。その代わりは大型書店チェーンやアマゾンが務めると受け取られても仕方がないような文言が入っている。それらは先程紹介した通りです。とにかくあからさまにいっている。

これらについて、日本の出版社、取次、書店はどのように受け止めたのかという問題があるわけです。再販制をなくす、中小書店はつぶれてもかまわない、アマゾンがその代わりを務める方向を選択せよといっているのだから、由々しき事態だったことは明白だし、どのように対処しようとしたのか。

――ところが私も要望書問題とアマゾンのことを書いていますが、出版業界はそうした事態に対し、公然と発言もしていないし、何の意志表示もしていないんじゃないかな。

高須　大手出版社はどうなんですか。

――大手出版社が書店事情を知っているということはあり得ないから、何の反応も示していない。筑摩書房の故田中達治たちが出版社と書店をつなぐ出版ＶＡＮ構想による営業展開を組織し、多少なりとも従来と異なるつながりができたとしても、それは双方の営業の前線での話であって、トータルな出版状況問題に及ぶような関係にはなっていない。ましてそれまで大手出版社は書店営業をどこまでやっていたかは疑わしい。だからアマゾンが上陸してきたら、中小書店にどのような影響が出るのかといった想像力はまったく働かないでしょう。それは取次もしかりだと思う。

高須　それはそうかもしれない。でも小学館とか集英社とか講談社にとってはマス雑誌や学年誌を売ってくれる中小書店を大事にしないと。

――まさにその通りで、それらの大手出版社の成長は中小書店によって支えられてきたわけです。大手出版社の雑誌やコミックを中小書店が売り、大手書店が中小出版社の書籍を売るといういわゆる対角線取引で出版業界は成長してきた。

高須　そうでしょう。だから非効率と非難された中小書店が学年誌とか女性誌とかを外商活動を含めて一生懸命に売り、大手出版社をここまで育ててきたともいえる。でも規制緩和の声というものはこのようにして本や雑誌を売り、生活してきた中小書店はもういらないといっているわけだから、大手出版社は反発すべきだった。

――しかし何の声も上がることなく、二〇世紀まではかろうじて残っていた商店街も、二一世紀に入っての大店法緩和による巨大な郊外ショッピングセンターの出現によって、壊滅状態に陥ってしまった。私の論理でいえば、書店も含めてミニマーケットの集積によって、日本の商店街は成り立っていた。ところがそこにマスマーケットを導入しろとアメリカがいってきた。

高須 アメリカからいわれたことに素直に従い、それが広がっていったというのはアメリカだけの問題ではなく、日本の大手の流通小売業者、あるいは背景に位置する商社なども含め、マスマーケット化によるさらなる大量生産、大量消費を仕掛け、小売業を再編しようとする動きがあったことも、これをあからさまに示している。

――それも大店法の規制緩和以来は決定的になり、郊外ショッピングセンターの出現によって、さらに拍車がかかった。

高須 それに町の中に大型書店、それも五百坪から千坪を超えるものが出てくるのは統計を見るまでもなく、実感的にいっても今世紀になってからですね。

――それらのクロニクルは私の『出版業界の危機と社会構造』にすべて書いておきました。そして私も実際に慣れ親しんだ町を失ってしまいました。商店街がなくなって、そこに高層マンションが建てられると同時に、商店街のバックヤードにあり、ずっと通っていた様々な飲食店などもなくなってしまった。もちろん三店あった書店も消えてしまいました。だから慣れ親しんできた生活インフラのすべてがなくなってしまい、大げさなことをいうと、ひとつの共同体が失われるのはこういうことなんだと実感しました。

村も町もあった時は様々な拘束もあってうるさいと思っていましたけど、なくなってみるとそのかけがえのなさがわかる。それと町が色々なことを覚え、また教えてくれた学校であったことも切実に思い出されました。

高須　かくして無縁社会が出現し、出版業界も同様になってきた。アマゾンが上陸して、またたく間に売上はトップになってしまった。ＤＮＰグループの書店売上はそれを上回るにしても、実質的に無店舗、返品率の低い書籍販売、利益率の高さを考えると、アマゾンが一人勝ちでしょう。

21　弾力運用と流対協

――でもそこに至る事情は複雑ですね。

公取委と再販制の関係、それに絡むアマゾンの問題、それらの関係のメカニズムがこの二十年でどのように変わってきたのか、まだまだ捉えきれない。気がついたらアマゾンの一人勝ちではすまされないし、それこそ後続のニュースが伝わっていませんが、アマゾンは日本で税金を納めていない。この問題もどうなっているのか。

それと弾力運用のことでうかがっておきたいことがあります。九五年にリブロで田口久美子さんがやったバーゲンブックフェアなんですが、あの事情はどうなんでしょうか。

高須　あの一件はなかなか事情がこみいっていて。簡単にいうと、田口さんの申し出に対して、新泉社の小汀さんが乗っかってしまい、それでバーゲンブックを出すことになった。

――でも取り止めになったんでしょう。

高須　それはこういう事情なんです。流対協は再販擁護でやっているのに、幹事会にも計らずに決めてしまった。それでバーゲンブックを出していいのかと内部でもめてしまい、小汀さんも止めざるを得なかった。しかし流対協内でも再販制度擁護のためには弾力運用をしたほうがいいと考えたグループもあった。

でも弾力運用反対から弾力運用へと方針を切り替えるということは一八〇度の転換になるので、大議論にもなってきた。その時の流対協の会長は小汀さんで、彼は私たちにとってはずっとカリスマだった。私は彼から再販制についてのイロハも教わったし、色々と世話にもなったし、非常に尊敬していた。

リブロのバーゲンブックフェアを契機に、九八年の結論三年延長までの再販廃止論の嵐の中で、幹事会の中で動揺が起き、大胆に再販制度の擁護のために弾力運用を行い業界の主導権を握ろうと主張する小汀さんを筆頭に青弓社の矢野恵二さん、第三書館の北川明さん、事務局長の春田新邦さんらの弾力運用推進派が強力になり、弾力運用反対・原則的運用派は副会長の現代書館の菊地泰博さんと私などに分かれてしまいます。

九七年三月の総会の前に、小汀さんが次期会長と目されていた菊地さんではなく、矢野さんを後継指名します。そこで私たちは巻き返しをはかり、会長後継指名した矢野恵二さんと菊地さんとの間で、会として初めての幹事による記名投票を行い、菊地さんが新会長となり、私と矢野さんが副会長になります。票数など票の内容は立会人に確認させせ、春田氏が職権だと言って明かされませんでした。

この年の十月二日に再販制についての公取委との話し合いのため臨時総会を開催するよう矢野さんらから要求があり、矢野さん、小汀さん、北川さんの連名で、議案が出されます。「現在の状況を分析すると『日本経済の危機をのりきるために規制緩和（再販撤廃）は必要』とする大きな流れができている。再販制の現状のままの維持は不可能と認識すべきである。少部数発行の書籍の流通を確保するためには、時限再販と部分再販を認める『歴史的転換』が必要である」として、公取委に「最低限、書籍再販の確保を要求し、その上で弾力運用の具体策をこちらから提案する」という内容でした。

臨時総会は定数に達せず、会員集会に切り替わったのですが、会員からは、「これまで通りで行くべきだ」「先にカードなど切るべきではない」といった反対意見が続出しました。九八年三月の総会で菊地さんが再選されると、矢野さん、小汀さんが幹事を辞任、春田事務局長も辞任、彼のところで編集していた機関通信の「新刊選」の休刊告知などが出されたり、会は混乱を極めます。三月三十一日に公取委の三年延長がだされ、さらに再販制度の擁護のための弾力運用が叫ばれ、混乱は九九年まで続き、その間に矢野さんも退会、〇一年十二月には小汀さんが亡くなります。

ところがそんな事情もあって、再販制の三年モラトリアムの前後に、会が割れてしまい、何人かは出ていくという事態になってしまった。つまり流対協内部にも弾力運用をめぐる議論があり、再販制をめぐっては一枚岩ではなかったことになる。原則的に一枚岩をめざしてきたけれども、錯綜する時代と出版状況の中で、意見と視点が異なり、割れるべくして割れてしまったというところもあります。

――この話はこれ以上聞けないですよね。

高須　まあ色んな人と事情が絡んでいるし、流対協にとっては一番残念な事件だったし、春田さんとは個人的にも親しかったのに。現段階ではそこまでしか話せませんね。

第Ⅲ部

22　再販制と消費税問題

――それではもう一度話を戻しまして、今度は再販制と消費税問題に移りましょう。

高須　一九八九年（平成元年）の二月に消費税の導入が決まり、その時公取委は再販売価格を税込み価格にすると公表した。前述しましたが、重要なことですので、もう一度述べておきます。それは「消費税の導入に伴う再販売価格維持契約制度の運用について」という行政処分で、これは出版四団体の要望通り「定価一〇三〇円（本体1000円）、定価1030円（本体1000円＋税30円）の内税表示だった。こういった公表文を出して、義務づけたわけです。

取引基準と計算は取次の意見が反映され、定価1030円×正味（例えば０・68）の内税取引となりました。そういう計算方式だと。それは公取委には直接関係はないのですが、出版業界としては問題を抱えることになります。税率が変更になったら卸値が変わってしまって、現場が混乱するからです。でも、公取委の行政処分と四団体の意向で、内税表示、内税取引を大部分の出版社が従ったわけです。

流対協は、外税表記をしないと税額変更に対応できないと考え、「定価一〇〇〇円＋税三〇円＝税込み価格一〇三〇円」という外税表示することにして、当時、暫定措置として認められた価格表示カルテルを公取委に二月に提出して認められました。市場在庫については、レジ徴収すればすむと主張しました。

――でもこれも一時は諸説が入り乱れ、外税表示を支持する出版社も多かったし、実際に公取委にしても、内税表示に決まるまでは色々とあったんじゃないかと思います。でも結局のところ、外税にしたら雑誌の場合は一円単位の端数が出てしまうので、キヨスクなどが対応できないという声、及び雑協の強い内税支持によって、内税に押し切られたとも聞いている。ある出版関係者にいわせれば、最大の愚挙ともされています。

高須　そうです。市場在庫の消費税徴収はできないと主張する日書連、書協などの内税取引の決定に反対し、流対協に同調する書協内の書籍系出版社も巻き込み、すったもんだのあげく、店頭在庫の消費税徴収が決まります。しかし、書店は反発し、返品による損失も畏れて返品をはじめます。そのあおりを食らったのが雑誌を出していない出版社で、カバーの刷り直し、内税表示のためのシール貼りをやらなければならなかった。

ところがそれに合わせて起きたのは、これは当時の『東京新聞』十二月十九日付に「出版界に絶版の嵐」といった記事が載ったことからわかるように、約二万タイトルが絶版になってしまったといわれます。九〇年一月一日から内税表示に全商品を切り替えなければならないので、売れている本にはその経費がかけられるが、デッドストックに近い既刊本は絶版処分になってしまったといわれます。

それもそのはずで、カバー刷り直し、シール貼りなどで、書協の計算では、加盟社一社当たり三六二三万円、全体で大体百数十億円の経費がかかったとされている。でもこれは書協加盟社だけの計算で、実際にはもっとかかっている。全出版社の在庫は七億冊という話もあり、一冊当たり五十円とすると三百五十億円の損害を被ったんじゃないかともいわれていた。私はそれでも少ないんじゃないかと思っていた。こうした事態は、出版四団体の要求で起きたわけです。愚かというしかない。

――実際に内税表示に費やされた損害はそんなものではなく、とんでもない金額に及ぶでしょう。一般の目には見えない莫大な労力と経費がそのためには注ぎこまれていますから。

一例を挙げれば、八九年当時の書店在庫です。九〇年になってそれをお客に売る場合、外税であれば、レジで三%をかけ、そのまま販売できたのに、内税となったために、総入れ換えをしなければならなかった。そこで文庫に至るまですべてを返品し、内税表記のものと入れ換える作業に追われたわけです。

高須　現場では、同じ本でも旧定価一〇〇〇円と新定価一〇三〇円と二つあることも起きるわけで、当然、混乱しますよね。

――そうです。その労力、返品運賃、入れ換え、それにまつわる諸費用を考えただけで、とんでもない経費がかかっている。内税に関して、出版社だけがカバー刷り直しとシール貼りで、被害をこうむったとされていますが、取次や書店も出版社に劣ることのない損失をこうむっている。まだ書店は大型店の時代を迎えていなかったから可能でしたが、現在のように大型店化してしまうと、そのような処置をとることは不可能で、書店の体力どころか、出版業界全体に対する大打撃を与えてしまうことになります。

高須　大手出版社が中小書店のことについて何も考えていないし、わかっていないという話が出ましたが、この消費税の内税処理の時から、それはあからさまに示されていたことになるのですね。

――そうだと思いますし、ある意味では現在の出版業界の出版社、取次、書店の三者の分裂を先駆的に物語っていたんじゃないでしょうか。そのくらいこの消費税の内税をめぐる一連の問題処理はひどかったと考えるしかありません。

高須　それらの書店をめぐる事情はわかりましたが、出版社のほうでも、これ以後は奥付定価が完全になくなってしまうという事態を招いた。

つまり橋口発言は奥付定価がなく、カバー換えだけで値上げしていてけしからんというものでしたが、九〇年一月一日の消費税の実施によって、奥付定価表示が消えてしまったわけです。奥付とカバーの二ヵ所に定価を入れると、消費税が変わった際に二ヵ所にシール貼りを施さなければならなかったからです。これは橋口発言が公取委の内税表示指定によって否定されるという皮肉な状況という他はありません。

――流対協としてはどうしたんですか。

高須　その時流対協は奥付表示をすべきであるという主張でずっとやってきたのだけれども、今や事実上何社が続けているかは確認していませんが、ほとんどなくなってしまいました。緑風出版の場合は、今も奥付表示を続けていますけど。

それとは別に流対協としては消費税の実施にあたって、出版社の責任は再販価格まであって、税金は国がかけるものであるから、定価と税は異なるもので、税込価格は定価プラス税になると公取委に主張した。それで定価1000円＋税30円＝税込価格1030円と表示した。公取委もそれを了承した。税率が上がったら、税込価格のところにシールを貼ればいいとも判断していました。

――流対協の場合、表示が異なっていたのはそのような事情があったのですね。

高須　そうです。

それから公取委の内税表示が橋口発表を実質的に否定するものになったといいましたが、この時便乗値上げも起きた。例えば、岩波新書の場合、旧定価五三〇円の本が税込五四五円になるところが、それを最終的には五円を切り上げ、五五〇円に上げてしまった。

つまり奥付定価表示がなくなり、便乗値上げが起きたことは橋口発言の意図したこととまったく逆の事態が生じてしまったわけです。オイルショックによるインフレで三省堂のシール事件が起き、三省堂が事実上倒産したことがあり、これを背景にして、橋口発言があったにもかかわらず、同様の事態になってしまった。

23　消費税定価訴訟

――それらも含めて、裁判に持ちこむことになった。

高須　そうです。そういう行政処分を命令した国の責任で、出版社も経済負担を強いられたことに対して、行政処分の取り消し、五〇〇〇万円の損害賠償を払えとの主旨で、流対協が八九年七月に公取委を訴えるわけです。公取委にすれば、出版四団体の要求通りにしてやったのに、訴えるとは何なんだ、ということになる。これが延々と最高裁まで続いた。裁判には弁護士の角南俊輔さんと山口広さんなどが熱心に弁護してくれました。

当時は公表文のことを行政処分といっていた。要するに命令だから、違反すると別の処分が課されると考え、書協以下、私たちもそれに従った。ところが裁判をやっていくと、こういう処分とか命令は公表文というかたちで出される「こういうふうにしなさい」という行政指導でもあることがわかってくる。これがその後の再販制の議論と絡んでくることになるんですけど。

―― それで裁判の行方はどうなりましたか。

高須　この裁判自体は基本的には負けるわけです。九八年に最高裁で判決確定した時に、最高裁は何といったかというと、行政処分には強制力、法的拘束力があり、だから従うべきであるし、実行されるべきだ。

しかしそこで最高裁は明らかに逃げを打つわけです。「公表文は行政処分ではなく、単に公表しただけで、定価表示はこうしたほうがいいと例示したにすぎない」と。だから法的拘束力も強制力もないのに、出版社が勝手に従って、定価をあのように表示したのであり、国に責任はないということになった。

つまり公取委の内税表示は行政処分ではなく、法的拘束力も強制力もない公表文だと判明しました。そこに至るまでに八、九年かかりました。

――ということは法的拘束力も強制力もない公取委の公表文に踊らされ、出版業界は揃ってとんでもない被害をこうむらされたということになるじゃありませんか。

高須　そうです。裁判が八、九年かかったということは問題が深く、公取委の公表文に象徴される日本の官僚システムの根幹にもふれていたからだと思います。当時行なわれていた日本型の行政指導というものは、メインの関連業者がそれにならえば、みんなが従うかたちで通っていた。

しかしそれが公表文だとされ、強制力がないと確定したことはあらゆる行政にも影響が及ぶ。他の業界であろうと何であろうと。また他の官庁に対してもしかりです。そういう意味ではかなり大きな問題を孕んでいたのであり、そのためになかなか判断できなかったのだと推測しています。

24　流対協の主張する外税表示と本体取引へ

――それは九七年四月に消費税が五％に上げられた時に何らかの影響があったのですか。

高須　あると思います。前に話しましたように、書協・雑協の方針で流対協を除く大半の出版社は公取委の内税表示、つまり定価1030円（本体1000円＋税30円）を採用し、カバーに刷っていた。だから五％に上がると、定価1030円、税30円は通用しなくなってしまった。

これも話しましたが、流対協の場合、定価1000円＋税30円＝税込価格1030円とし、三％の時は30円、五％の時は50円、一〇％の時は100円とどんどん変わる、でも定価は1000円だと表記しておけば、30円以下をシールで消すなりして、カバーの刷り直しもしなくていい。だからそうすればいいのではないかと主張したけれども、書協なんかには当然のことながら受け入れられなかった。

――ということは書協の場合、公表文に唯々諾々と従っただけで、消費税率が変わることすらもシミュレーションしていなかったのですか。

高須　そう考えるしかない。内税表示は税率があがったら大変ですよといっても、税率は上がらないと国はいっている、日書連も含めて軽減税率を主張して税率を据え置いてもらうから大丈夫などというばかりです。なかには値上げができるから得だ、などという意見もあるわけです。

ところが五％が決まると、今度は書協のほうが私たちのところに相談にきて、どうするかという話になった。ようやく書協のほうが流対協の定価1000円＋税の表示が合理的だと気づいたわけですね。それで結局のところ、五％に移行する際にそのように切り替えるということになった。

――それは知りませんでした。そのようないきさつがあったとは。

高須　ところが流対協の表示をそのまま踏襲するのは書協の面子にもかかわることと思ったのかもしれませんが、公取委と相談して、少しちがう表示になった。それが今の定価（本体1000円＋税）の表示です。

八九年に流対協は定価1000円＋税が正しく、取次の計算方式も本体取引、外税でという考え方だった。それに対して書協は内税、税込取引を前面に出していた。それが九七年になって一応の決着がついた。一貫して流対協の主張してきたことが受け入れられたということです。

これ以後、取次も本体取引に切り替わる。この時、本体取引をしていた版元は、流対協でも数社になっていました。取次の請求書を見ていただければ、わかるように今は本体取引です。これは九七年に税込から本体へと移行したことになります。

それは勝った、負けたということではなく、私たちの原則的な主張のほうが結果として正しかったことになる。これは流対協として、自慢できる成果のひとつだと自負しています。ただもはや出版史の消費税問題の一コマでもあり、これが流対協の功績だとは誰も思っていないでしょう。

――いや、これまではそうだったかもしれませんが、高須さんがそのような証言をここに残したことで、それが流対協の功績として、出版史に記録されていくでしょう。それにこの「出版人に聞く」シリーズはそのような証言をヒアリングするために企画されたものですから。

高須　公表文は行政処分をよそおっているが、実は法的拘束力も強制力もないということ、これは本当に問題なんですが、面白いのは日米構造協議のアメリカの要望書の中に、「曖昧な行政指導は止め、全部正式な文書でやれ」といった文言も出てくる。何となく笑ってしまうけれど、法令にそって命令していくのではなく、かたちだけの文書による日本的な行政指導、もしくは談合による決着をつけるという官僚システムに対し、アメリカも苛立ちを見せていたわけです。

25 行政指導と公表文

高須 流対協の場合、零細小出版社が公取委を訴えたことになるから、向こうにとっては驚きだった。裁判になると、公取委は公表文には強制力をともなう行政処分ではない。出版社が勝手に従っただけだから自分たちに責任はないと主張した。

ところが、流対協は、公表文は行政処分で強制力があるという、当時の課長補佐の話をテープに取っていた。事務局の春田さんがテープを持っていって、録音までしてきたから。それを裁判に持ち出してそういったんじゃないかとやった。当時の取引部長は女性で、キャリアでしっかりした人だと聞いていましたが、檄が飛んでしまった。

——そんなこともあったんですか。

高須 悲しい事件でしたね。書協ではなくて、書店や出版社などからなる再販研究委員会のようなところで催した飲み会で、流対協にしてやられたと、泣いて悔しがったという噂が漏れ伝わってきました。

―― 私だけが色んなところから恨まれているだけかと思っていたから、高須さんも同類だったわけですね。

高須 これは小汀さんや春田さんの功績です。ただそうした事件はともかく、流対協の消費税定価訴訟の裁判を経て、公表文の問題というのが明らかになってしまった。例えば、公取委が記者会見し、再販制の取り扱いについて、「取り扱いについて」という名称の文書を出す。その中に弾力運用の話とか、「三年間延長するけれども、弾力運用はやるべし」といった文言が入っている文書です。これが公表文なんです。

それで公表文には法的拘束力も強制力もないと主張する公取委を、裁判所は負けさせるわけにはいかないので、それにそった判決が出たわけです。だから、もはや出版業界は従う必要はないんじゃないかといえるわけです。つまり国から弾力運用をやれといわれても、これは命令ではない。やるかやらないかはこちらの問題だと。

以前は公取委にいわれたら、弾力運用を推進しないと、再販制が廃止されてしまうと思いこんでいた。ところがそんなことをやる必要もないし、無視してもかまわないということになった。

最初は根拠がないといってたんだけど、公表文についての判決が出てしまった。それゆえ私たちは拘束力、強制力はないとの判決が出たのだから、自由にやろうじゃないかと主張した。しかし書協などの主流の人たちが聞くところではなかった。

それで行政指導を受ける側というのは、官の意向と威光によって上からの拘束力と強制力の範囲の中で、業界全体が従うことを期待していたんだなとわかった。

――つまり出版業界の主流は行政指導による上意下達を期待していた。でもそこまで卑屈になる必要もないはずなのに。だって出版業界は出版社に限っても、官の許認可を求めることもなく、誰でもができる業種です。それゆえに出版の自由があり、表現の自由が保障される。それなのに出版業界の主流は絶えず官の顔色をうかがっていることになる。

高須　その通りです。だから当時の流対協の訴訟の時の公取委側の反応は、「あなたたち出版業界の代表者たちがきて、内税にしたいといったので、それに見合う内税表示を出してあげただけなのに、どうしてこちらを訴えるのか」というものだった。議論を交わすどころではなく、公取委にしてみれば、流対協はとんでもないことをしてくれたと思っていたんでしょう。それで部長の馘が見せしめに飛んでしまった。

――公取委にしてみれば、彼らの行政処分は上からやんわりと落としどころを提案してあげました、でも他に選択の余地はありませんよというニュアンスを含んでいる。

高須　そういう感じですね。

26　電子書籍問題

――今でも電子書籍とその市場をめぐって総務省などの官僚たちが様々に動いて画策しているのは明らかだ。それも同じようなニュアンスと図式がこめられているにちがいないでしょう。

高須　電子書籍にしても官僚たちが出てくると、あまりにも日本的すぎるというイメージが伝わってくる。

――やっぱり行政指導に近いようなかたちで進められているんでしょうね。

高須　さきほどお話しした公取委との会談で、池田課長補佐は、電子書籍は再販商品としては認められない、これまで個別の問い合わせにその旨を述べたことはあるが、流対協の質問があったので、公取委のＨＰの「よくある質問コーナー」に次の通り電子書籍について一項目をつけ加えたと答えました。

「Q14　電子書籍は、著作物再販適用除外制度の対象となりますか。

A、著作物再販適用除外制度は、昭和二十八年の独占禁止法改正により導入された制度ですが、制度導入当時の書籍、雑誌、新聞及びレコード盤の定価販売の慣行を追認する趣旨で導入されたものです。そして、その後、音楽用テープ及び音楽用CDについては、レコード盤とその機能・効用が同一であることからレコード盤に準ずるものとして取り扱い、これら六品目に限定して著作物再販適用除外制度の対象とすることとしているところです。

また、著作物再販適用除外制度は、独占禁止法の規定上、『物』を対象としています。一方、ネットワークを通じて配信される電子書籍は、『物』ではなく、情報として流通します。

したがって、電子書籍は、著作物再販適用除外制度の対象とはなりません。」

それで、流対協は公取委に対して、公取委は再販商品として単に「書籍・雑誌」を指定しているだけであって、「紙に印刷され製本された書籍・雑誌」とは規定していない。文字で書かれた原稿ないしデータをもとに紙に印刷され製本された書籍が、代替商品としての電子書籍に代わったとしても、それは書籍そのものであることに変わりはないと主張したのですが、容れられませんでした。

だが、この公取委の根拠もまだ議論の余地があります。

民法では、原則的に物は有体物であって無体物を含まない。したがって自動公衆送信されるデジタルデータである電子書籍は「物」ないし「有体物」ではなく、「無体物」ということになる。またデジタルコンテンツのデータは、CD－ROMやDVDなどの記録媒体に格納された状態では有形の物であり、有体物となる。公取委も記録媒体に格納された状態では有体物との見解です。

しかし、最近の判例では、「物」は有体物に限られるとの概念を緩和し、例えば、わいせつ情報そのものに着目して「わいせつ図画」として認定する動きなどがみられます。インターネットのわいせつ図画のデータを有体物ではないとすると、刑法で取り締まれなくなってしまいますから、まずいわけです。

主に言語や美術の著作物を紙に印刷し製本された書籍という伝達手段が発展し、同一の機能と効用を持つ電子書籍がでてきた。これが「物」ではない、つまり有体物ではないから、情報だからという理由で非再販商品とするのは、形式的に過ぎると思います。

書協などの出版再販研究委員会は、定期的に公取委と話をしているわけだから、こういう基本的なことを主張したりすべきなのに、公取委も正式な確認などありませんよというわけです。聞きもしないで電子書籍はだめだろうとなる。行政指導以前の話です。電子書籍は大手出版社主導で動いていくから、またしても消費税問題のような構図で進んでいく。

ただ言えることは、電子書籍が非再販商品とされ、紙の本より安く販売されていけば、再販制度が確実に崩壊するだけでなく、出版業界そのものが崩壊に向かうということです。取次、書店がなくなっても生きて行けるなんて考えている出版社はとんでもない話で、グーグル、アマゾン、アップル、マイクロソフト、NTTやソフトバンクなどの巨大な情報通信会社や情報検索会社、電子機器会社などに呑み込まれていくということだと思います。

27 書店からの視点

――これまでずっと話してきた再販制にしても、消費税表記問題にしても流対協の裁判にしても、やはり大手出版社が主流を占めている書協の立場から語られてきた。消費税の内税表示で、出版社だけでなく、書店もとんでもない被害をこうむった事実を指摘しましたが、再販制にしても弾力運用にしても、書店の側からの視点ももっと導入されるべきだと思う。

私の消費社会論でいえば、それが進行する過程で、どの小売業にしてもかつてと異なるバイイングパワーをつけ、メーカー、問屋、小売りという縦軸が水平、もしくは逆転している現象を見ることができる。一社で出版業界の全売上をしのいでしまうヤマダ電機などはその最たるものです。

それらの成長した小売業はどの業種でもそうですけれども、郊外消費社会を形成するにあたって、それまでの近代システムから現代システムへ転換することで、大企業へと躍進していった。ところが書店だけは旧来の再販委託制システムのままで、出店というハードルを重ね、ソフトの変革はなされてこなかった。

その一方で七〇年代から八〇年代にかけて、書店の人材はかつてないほどに充実し、書店現場の力は向上した。つまり仕入れ能力、販売力に関しても圧倒的な進化を見たわけです。それはこの「出版人に聞く」シリーズにすでに収録した元リブロの今泉さんや元さわや書店の伊藤さんの話を読めば、一目瞭然でしょう。

高須　それは重々承知しています。

――ところが問題なのは書店は一向に儲からない商売だという現実です。利益率、商品交叉比率などでそれはすでに立証されているので繰り返しませんが、書店に人材が揃い、それまでと異なる状況に変わっていったにもかかわらず、その現実だけは変わらなかった。

それはどうしてかというと、日本の出版業界の特殊性なんですが、定期的に刊行される大手出版社の雑誌を中心にして構築されたもので、その流通と金融システムに書籍が相乗りしている構造があるわけです。例えば、現在でも行なわれている書籍の見計らい配本ですが、これも雑誌を範としている。

これは私の「出版状況クロニクル」でも書いておきましたが、東北ブロックの書店大会で、書店の商売が薄利なのは現在の出版社、取次との取引制度、慣行、営業の問題に起因するので、早急な改革が必要だと声明を出した。求められている改革のひとつは見計らい配本を止め、書店の仕入れは予約注文制とし、それに応じて出版社は書店に正味を伝え、責任販売制へと移行していくのが望ましいというものです。

私がインタビュアーなのに出しゃばって恐縮なんですが、このことに関してはもう少し発言させて下さい。

高須　どうぞ、かまいませんよ。それは流対協の活動と密接に絡んでいるわけですから。

――つまり声明にあるような取次の見計らい配本ではなく、書店による自主仕入れの能力と体制が七〇年代後半から八〇年代にかけて、すでに整っていた。だからすみやかに書店の仕入れは予約注文による自主仕入れ、それから儲かる正味を確保できる責任販売制、そして最終的に一定期間の過ぎた本に関しては時限再販を導入し、書店が自由に定価をつけ、販売し、返品を減少させる市場へと移行させるべきだった。

そして文字通りの書籍を売って利益が上がる書店を創出することに努力すべきだったと思います。

これも何度も例を挙げて申し訳ないんですけど、今泉さんや伊藤さんのことを考えれば、困難ではあったにしても、達成されたと確信しています。こんなことをいうと、あの二人は特別だからという声が上がるかもしれませんが、彼らだけでなく、実力のある書店の人々は本当にたくさんいました。

高須 それを私たち零細小出版社は知っているけれど、書協の主流の人たちは知らない。

――おそらくそうでしょう。

だから私なりにもう一度整理しますと、消費社会の到来、書店現場の様々な能力の進化、公取委の橋口発言に見られる再販制見直しは確実にシンクロしている。

流対協の場合、再販制問題を法的視点、デュープロセスを通じて検証していたと考えていいと思います。でも私の場合はそのようなローアングルで構造的な考えを持っていたので、再販制は外したほうがいいという意見でした。

28 大店法廃止による流通戦争の結末

――それにはもうひとつの理由があります。七〇年代までの書店はスタティックな市場で、出店もない代わりに廃業も倒産もありませんでした。それこそすみ分けがなされ、出版社と取次を支えるインフラを構成する共同体だったと見なしていい。その共同体を維持するコスト、あるいはセーフティネットとして再販制の意味があったと考えられます。

ところが八〇年代になって、郊外消費社会の全盛となり、理念なき出店ラッシュを迎えてしまった。それからの三十年間に、おそらく三万店を超える書店が消え、同数の出店があったと見られる。つまり七〇年代から考えれば、異常な事態が書店市場に起きていたことになる。かくして書店という共同体は崩壊してしまった。そして再販制だけが残った。

ところが一方で出店ラッシュを支えたのは再販とセットになった委託制であり、本来であれば共同体を守っていた再販委託制が逆手に利用され、ここまできてしまった。今世紀に入っての大型書店の出現もこのメカニズムによっています。このメカニズムについては『出版社と書店はいかにして消えていくか』で詳述しましたので、ここでは繰り返しませんが。

そしてこの出店ラッシュの中にあって、第三商品としてのCD・ビデオ・DVDのセルとレンタルが導入されたことです。それはなぜかというと、雑誌や書籍を売っても儲からないので、利益の上がる第三商品に一斉に走ったことを意味している。そのために書店市場もドラスチックに変化してしまった。

高須　第三商品に関してはうなずけるけれども、出店ラッシュなども再販制固有の問題かというと、そこら辺は、必ずしもそうともいえないのでは。

アメリカの要求で、九一年頃から運用が緩和されていた大規模小売店舗法が二〇〇〇年に廃止になり、同時に出店規制のない大規模小売店舗立地法が施行されます。規制から自由化です。これで、都市部での大型書店出店がさらに加速され、イオンなどの大型ショッピングモールの建設ラッシュが続き、そこにまた大型書店が入るという、大型書店ラッシュ時代を迎えます。シャッター街の出現による中小書店の廃業やロードサイド書店の衰退が始まります。郊外型書店もロードサイド書店からモール内書店へと移行してきます。こうしたことは地方の県庁所在地の書店立地を見るとよくわかります。

委託制があるからより簡単にできたと言われれば、そうかもしれませんが、ショッピングモールに出店している他の商店は、買い切りですけどちゃんと出店している。

アルメディアによると、書店数は二〇〇一年に二万九三九店あったのが、二〇〇九年には一万五四八二店となり、五〇〇〇店以上減っているわけです。大店法の廃止など規制緩和による流通戦争の結果が、中小書店の廃業を招いたと思います。

―― 再販制だけでなく委託制とセットにして考えないと、よくわからないでしょうね。

高須 小売業がバイイングパワーを持ち、強くなるのが消費社会としても、再販制であろうと委託制であろうと、出版業界に限らず、返品の問題は前から存在するものだと思う。例えば、百貨店業界の場合、そういう問題はずっとあるわけだし、社員の派遣、棚卸しや研修や売上への協力、値下げ、返品の強制などの優越的地位の乱用というのは様々な業界でも起きている。だから再販制と委託制のリンクが書店や読者に不利益をもたらしていると私には思えない。

29　本の定価販売はなぜ必要か

高須　再販制擁護の意見として次のような意見があります。

まず本の定価は安いことです。本の定価は物価の優等生といわれるほど、上昇率が低いという実績があり。たとえば一九九九年現在で新刊書籍の定価は六五年の二・五倍。新聞購読料六・九倍、郵便葉書一〇倍、もりそば七・五倍、ＪＲ運賃四・九倍となっていて、書籍の価格上昇は、極めて低いものといえます。縦のカルテルである再販売価格維持行為を許していても、恣意的な価格上昇が見られず、消費者の利益を害していません。

つぎに定価販売のメリットがあげられます。出版社が定価を決めることができれば、小部数の発行の本であってもそれなりの採算計算が可能となる。定価販売がなくなると、出版社としては、寡占的な流通市場での買いたたきを恐れて、売れそうにない出版企画は採用しにくくなる。より専門性の高い本、学術的な本になればなるほど販売数は少なくなるため、そうしたものが出版される機会が減り、本の多様性が失われるだけでなく、学問、芸術、文化の普及にマイナスの影響が出る可能性があるわけです。

第三にカバープライスが高くなります。本の値引きができるようになると書店相互の値引き競争が始まり、取次店は仕入れ値を買いたたくようになり、出版社はカバープライス（希望小売価格）を値上げせざるを得なくなり、結局は読者が損をすることになります。そういう意味では大手書店で安く仕入れられるところは売り値をダンピングできるし、高く仕入れなければならない中小書店は大手書店よりも高く売るということになる。すると淘汰が起き、強い者が勝ち、強い者がより再生産されていく。それが再販制を外した場合に起きていくことで、消費者は利益を得にくくなる。

それから、全国一律の定価販売は読者に差別や格差なく本を配給し、日本の文化的基盤を支えていると思います。そのために出版社も地方正味格差負担金を負担してそれを支えているわけです。

ちょっと長くなってしまったけど、かまわないかしら。

――私もそうでしたから、遠慮なさらずに続けて下さい。

高須　確かに読者にとっては、少しでも安く手に入れられることのほうがいいに決まっているし、それはよくわかります。

また本の値段は高くないということに関連していうと、ハードカバーの単行本で出したものを、文庫とか新書にすることで、より安くして出版している。これも出版社自体が本をより安く、広く読まれるような努力をしている事実でしょう。

それに図書館というものがある。公共図書館は無料で貸し出ししている。その無料貸し出しについても、著者や出版社側は不満を表明し、貸与権、公貸権といったものを根拠に料金をもらっていいのではないかという議論がずっと出てきている。それはともかく無料で貸してくれる図書館がある。

またさらにリサイクルとリバリューを主とする古書業界もあり、リサイクルだけのブックオフのような新古本屋も出てきた。ただかつては東京の神田などに集中していた古書店の場合であれば、新刊書店と共存していたが、全国的にどこにでもあるということになると、再販制によって立つ出版社と書店にとって、不利が生じてきた。新古書店のようなコバンザメ商法の拡大は、新刊書店や出版社の再生産構造を壊しかねないような悪影響が出てきている。そこで講談社などが買収した。だから大手出版社もそれなりの対抗策は考えているはずなんです。もっともそれが単なるエクスキューズなのかはこれからの対応と展開を見なければなりませんが。

再販制見直し論の根幹にあった返品による大量断裁の無駄という説も全体からみれば、

断裁量は少ないと思う。ほとんどの出版社は、カバーを掛け直し化粧直しして再出荷していますから、断裁に至るものは少ない。

これらのことをトータルに考えると、新聞のことは取りあえず置くとしても、書籍と雑誌の市場、いわゆる著作物を売っていく市場には再販制度が認められていると判断できる。であるからこそ、日本なら日本の学問、芸術、文化、教育、情報も含めた知的環境を押し上げる下支えになっていると思う。

再販制度はアメリカにはないし、ヨーロッパでも廃止したりしている国もある。でもドイツにしてもフランスにしてもオランダにしても、みんなある。ある国にはそれなりの根拠が存在している。

本というものも確かに商品、広く普及を望む商品としての側面があるわけだけど、それがひとつの知的な結晶物を伝えていく手段である以上、出版社が定価設定権を持ち、再販を指定することについて、それほど不都合ではないとの判断が強いと思います。

だからアメリカが「再販制をなくせ」といってきたのは自分の国にもないし、しかも国内だけではなく、外国で売るシェアも高いので、日本においてもそうしたいのだと考えるしかない。

今泉さんや伊藤さんのいたような書店に価格決定権をという視点、意見も当然出てくることはわかるにしても、出版社がそれを持っていることのほうが基本的には合理的だと思います。

30　小出版社にとっては買いたたきを防ぐ方法

――それはやっぱり出版社のほうから見れば確かにその意見はもっともで、原価計算をして定価をつけられるのは出版社だけに可能であって、取次や書店にできるのかという視点だと思う。

でもそれだけでは現在の書店の儲からない正味体系を変えることはできない。論創社の森下さんとの架空対談のかたちで、『出版社と書店はいかにして消えていくか』を出した時、彼が最初にいったのは「書籍を売ることで書店が儲かるようなシステムにしないと、この危機的な出版状況はいつまでたっても変わらないのじゃないか」との感慨でした。

ただ私がいっているのは出版社の書籍の定価設定権をなくせというものではなく、時限再販などの大幅な導入による仕入れシステムの転換、及び正味体系の改正、それによって生じる責任販売制に基づく書店での自由な販売価格の設定です。それを阻害しているのが再販委託制でもあると考えているからです。

今泉さんや伊藤さんたちのようなプロになると、売上スリップ分析や客の対応を通じて、店の読者傾向、本の売れ行きが大体わかってしまう。それで彼らは特定の本だけでも数百冊、数千冊売るというスキルをも身につけていた。そういう人たちが書店にどんどん出てきた。

ところが現在の正味体系でいくと、書店にそのようなプロが育っていても、いつまでたってもプロに対する報酬が支払えず、また後続のプロを育てる原資が生み出されない。そのために消えていった有能な人材が無数にいるわけですよ。それもまた出版危機の大いなる原因のひとつだと思う。

だから再販制はともかく、出版社の定価設定権が不当だといっているわけではありません。

高須　そこには色んな不確定な要素が含まれてるはずで、それを少し話してみたい。

私たち流対協に属する出版社の場合、ある特定のジャンルの出版物だから、初版部数は二千部前後で、どんなに多くても三千部位です。実際にそれに見合った売れ行きを示す。

しかし小出版社は立場としてはこの特定のジャンルの本を出し続けていくというのが、方針となるし、それを売ってくれる書店も存在している。

だが一方で、最初から十万部売れるものがある。とすれば、売れる売れないの判断から、仕入れ側は売れるほうがいいわけですから、売れないほうの私たちの本を買いたたくようになるのではないかという懸念が生ずる。

そういう意味において、再販制といった一定の基準があったほうが買いたたきは生じないだろうとの思いがある。現実的に買いたたきにも似た取引条件、差別取引はすでに行なわれているわけですけど。

ただ再販制以外の道筋をたどると、その他にも不確定な要素がいっぱい出てきて、そちらのほうの問題も気になります。

31　専門書店の消滅

――例えば、これも「出版状況クロニクル」に書いたことですけれど、八〇年代から九〇年代にかけて、多くの専門書店というべきところが消えてしまった。その中に仙台の八重洲書房がある。ここは私たち人文書出版社や流対協加盟の出版社の本をよく売ってくれた書店として、著名な書店だった。私なども営業にいっているし、高須さんもそうですよね。

高須　何回かいっています。八重洲書房がなくなったのは確か九〇年代前半だった。

――　色々な要因があって倒産に至ったとされていますが、要するにいくら書籍を売っても儲からず、出版業界からの退場に追いやられてしまったともいえるでしょう。みすず書房の年間売上冊数は常に全国ベストテンに入っていたほどに売っていたはずなのに。

店主の谷口さんが書店を構えるに至った詳しい事情はよく知りません。でも大変な苦労を経て、八重洲書房を立ち上げ、十年以上は頑張ってきたのに、本当に報われない結末になってしまったと思う。

どうして儲からないかというのはまさに東北書店大会の声明にあるように現在の正味体系、及び金融と流通システムにある。八重洲書房があれだけ売っても消えざるをえなかったのはその事実を語って余りある。八重洲書房が消滅した後、専門書店を立ち上げてみようとする希望はまったく失われてしまったんじゃないか、そんな気がします。もちろん個人が十坪、二十坪の専門書店をやろうとしても、取次が相手にしてくれないし、もし取引ができたとしても、最低でも五百万円ぐらいの保証金を要求される。でもここまで商店街が疲弊してくると、書店のみならず、他のどんな店も成立が難しくなっているから、町中に小さな書店が新規出店することも皆無なのかもしれない。

高須　それはもはや不可能でしょう。小さな書店のサバイバルは非常に難しい。ただ、八重洲書房の廃業には、書店経営以外の要因があったと聞いています。

――それもちろんあるかもしれませんが、要するにあれだけ売っても儲からなかった。だから八重洲書房に関して思ったことですけど、再販制下の正味体系ではなく、買切制と時限再販による利益の捻出、それから十冊につき一冊の添え本をつけるなどによって、書籍を売る書店を育てないと、じり貧になっていくと思いました。本が好きで、しかも専門的知識もあって、書店をやっていこうとする人たちを活かす方向はそこにしかないと考えざるを得なかった。

そのような方向には進まず、ロードサイドの郊外型書店のように、再販委託制システムと取次の見計らい配本、それと何も知らないパート・アルバイトからなる現場によって、オペレーションされたところばかりが増殖してしまった。それとレンタルが先に立つ複合店の隆盛となった。

この九〇年代における書店インフラの変貌が十数年に及ぶ出版物売上高の八千億円の消滅に完全に結びついている。だから出版業界は自らの首を絞めるような方向で、この十数年を過ごしてきたんじゃないでしょうか。

32 鈴木書店と高正味出版社

高須　そのことでいうと、やはりまず正味の問題があることは間違いない。流対協は再販制のことも主張してきましたが、当然のことながら歩戻しと支払い保留を含めた正味にも言及し、基本的な考えとして高正味出版社は正味を下げろと主張しています。古い出版社の出し正味は、七一掛から七五掛というところも多々ある。

正直いって、鈴木書店がどうしてつぶれたかというのは高正味出版社の問題に尽きるからです。

二〇〇一年末の鈴木書店の倒産をめぐって、あたかも、「流対協が再建説明会に出席し、差別取引を撤回し、今後は正味を公平にしろといったので、再建ができずにつぶれてしまった」というようなことを書いた出版社の人がいたけれど、そんなことで再建できなくなったのではなく、逆ざや構造ゆえにつぶれたんです。岩波書店、有斐閣、東大出版会など主要取引版元は高正味であり、鈴木書店はトーハンや日販に対する高正味の砦として使われていた。

――これをちょっと説明しておくと、鈴木書店の取引書店は丸善や紀伊國屋などの大手グループ、統一低正味のこともあって、高正味出版社の本を売れば売るほど赤字になってしまうことをさしています。逆ザヤとは入金歩戻しを含めて取次の仕入れ正味が書店への納品正味を上回ってしまう状態といったらわかりやすいかもしれません。

それも鈴木書店の売上が伸びていた時代であれば、また神田の店売における現金売上が多額に計上されていた時であれば、高正味出版社の逆ざや構造を抱えていても、何とか回っていたけれど、売上が急速に落ちてくると、とてもではないが、たちまち行き詰まってしまう。それが鈴木書店の倒産に明らかだった。

高須　私のところもあなたのところも、六八掛だったから、ささやかではあるが、鈴木書店の売上に協力していたが、高正味出版社は明らかにパラサイトしていたといわれても仕方がない。

鈴木書店が倒産した時の債権者の上位に岩波書店、東大出版会、有斐閣などがいた。それは売上順位を示しているから、高正味出版社が売上シェアがいかに高かったかを明らかにしている。これではどこの書店に納品しようと、運ぶだけで損になってしまう。

――それで連想したんですが、鈴木書店の創業者の鈴木真一さんは栗田書店の出身です。近代出版史をふり返りますと、栗田書店は東京堂などの総合取次と異なり、岩波書店、平凡社などをメインとする書籍取次でした。ところが戦後になって栗田は雑誌も扱うようになり、総合取次へと転換し、現在へと至っています。

この事実を考えると、創業者の栗田確也は戦後を迎えての人文書系高正味出版社の取次としての問題にいち早く気づき、経営方針をあらためることで、栗田のサバイバルを計った。しかし鈴木書店の場合はそのようなギアチェンジを施さなかったために、高正味出版社による逆ザヤ倒産という事態に追いやられたと見ることもできる。

高須 なるほど、ということは鈴木書店が最後まで高正味出版社なるババをつかんでいて離すことができず、倒産に至ってしまったのか。

これは再販制とは関係なく、是正すべき大問題で、それをまずやるべきでしょうが、出版業界の力関係の歴史と既得権もあり、下げることは難しい。

それをやったのがあの書店のブック戦争で、文字通り闘いだった。だからあれは正しい方針だったと思う。

―― しかしあれは正味七五掛、二五％の書籍マージンを要求するものだったが、多少の改善は見たにしろ、スローガンだけで終わってしまった。でも今でも同じことができるかというと、それは難しい。何よりも現在の日書連加盟店は五千店を割りそうで、当時の三分の一の勢力になってしまったからです。

高須 今やるとそれは公取委から共同行為だから駄目だということになるでしょう。でも書店がそういうかたちでやっていくことは必要だと思います。

33 差別取引の実態

高須 それから正味問題に続いて差別取引の実態にもふれておきたいと思います。まず取引条件には、取次店への卸売価格である掛率＝正味があります。これは定価販売の慣習から定価に対する掛率で示され、定価の七〇％の卸値なら七掛とか呼ばれるものです。現在の出版業界の一般的なマージン構成は、版元出し正味六九掛、取次出し正味七七掛け、つまり取次マージン八％、書店マージン二三％である。

次に歩戻しです。新刊委託の際に配本手数料という名目で、「歩戻し」「仕入れ割引」といった名前の手数料を出版社は取次に取られる。これは重版委託や長期委託、常備寄託についても課されることが一般化しています。歩戻しの金額は、総定価（その本の定価×委託部数）の何％という形をとっていて、三％程度が支払いから控除されるのが、一般的です。配本手数料、返品に対する運賃補充といった名目がいわれるが、理由は定かではない。

つぎに注文品支払い保留があります。これは代金を翌月支払うことになっている注文口座の代金のうち例えば三割といった一定率を取次が支払いを保留して、支払わないで六カ月といった一定期間後に支払うというものです。

また内払いといわれるものがあり、これは委託に対して委託精算額を想定して一定率を取次店が前払いするものです。大手出版社、老舗出版社などへの優遇的な取引条件で、一〇〇％もあります。流対協がいう差別取引条件の反対にあるものといえる。

これ以外にも、本の集品を取次がしてくれるかどうか、返品運賃の版元負担の有無などさまざまな物流上の条件がある。

これらの取引条件が、近年、新規取引出版社の取引条件を中心に顕著に悪化しており、出版社の我慢の限界を超えつつあることが問題なのです。

一般的な新規取引条件は正味六七％、委託歩戻し五％、注文品支払い保留三〇％六カ月が一般的で（もっとひどい条件もある）、各取次店が申し合わせたように、この取引条件を要求して、ほぼその通りになっている。既存の出版社と比べると実質正味で一〇％以上の開きになってしまう。新興出版社の多い流対協の会員社からは、こんな条件ではまともな出版活動ができない、これでは取引条件の差というより差別だ、なんとかしてもらいたいとの要望が幹事会に寄せられています。

注文品は翌月払いということになっているが、二割から四割が保留される。同じように一〇〇万円注文があったとしても、三割保留されれば、七〇万円しか入ってこない。しかも注文返品の額も引かれるのでさらに少なくなります。これでは資金繰りができるわけがない。

あなたがいったようにキャッシュフロー経営などは不可能だといっていい。このような状態がまずある。ところが大手や老舗出版社に対しては支払い保留はなく、一〇〇％支払いになっている。

――新刊委託も注文分もすべて一〇〇％支払いだと思うし、新刊についても翌月払いじゃないかな。

高須　講談社とか小学館は一〇〇％払いだと思う。そうではなくとも、八割、七割、五割、三割と内払いを翌月にもらっている。とにかく五割以上の内払いの大手、老舗出版社がかなりのシェアを占めているのは確かです。

さらに大手書店チェーンの出店に対する優遇があります。三年、五年どころか最近は十年というのもあるそうで、取次の担当者ですら呆れるほどの、支払い猶予をする。こうしたことのために、中小書店や中小零細出版社への厳しい取引条件の強要がある。

こうした差別取引の撤廃のために、流対協は結成以来、一貫して取り組んできました。最近では二〇〇五年から〇六年にかけて、主要取次店に対し、①最低六八正味、高正味を是正する、②歩戻しは取次の実質正味の観点で最高三％までで調整する、③支払い保留の無条件廃止など、正味、歩戻し、支払い保留などの差別取引の撤廃を訴えた。

支払い保留の理由は、本来の理由を棚上げにして、新規取引出版社は倒産も多いので取り立て不能になってしまうからと最初から保留を付けてくるわけです。取引にはつきもののリスクを相手だけに押しつける手前勝手な理由です。支払い保留は、取次店の業務取り扱い基準にも反していて、代金支払いの一方的遅延で、違法性が高い。健全な出版活動を続けていてもなかなか保留解除に応じようとしない。

これが優越的地位の濫用でなくて何でしょう。公取委が再販制度を問題にしたのは、取次の流通寡占による弊害があるということだったのです。

流対協が開いた会員の意見交換会では、返品率の悪化があると、すぐに出版社を呼びつけて、条件の改定＝悪化を迫る昨今の大手取次店のやり方に憤懣も相次いだわけです。「公正取引委員会に訴えろ」「あんまりひどいから、取次には期待しないし、ネットや通販など直接販売に重点を置いている」「書店と直取引はできないのか」という意見もでました。たしかに話を聞いていると、注文品の三カ月延べ勘定に歩戻しをかけたり、委託精算を一年にしたいとか、最近の寡占取次店仕入部のやり方には商慣習すら無視した無茶苦茶なものもありました。力まかせに何でもありといった感じすらする。取次店の首脳部の指示でこうしたことが行なわれているのか？

そして、こうした事態に充分に対応できなかった幹事会に対しても厳しい意見がでました。「実に単純明快な悪条件だと思います。口座を開設するときには、こちらは弱い立場なので、足元を見られ悪条件を飲むしかありません。しかも、一度契約してしまうと、改善するのは至難です。取次に依存していたら、わが社はすぐに倒産します」という意見もありました。

こうしたことから私は「出版の未来を閉ざす差別取引」(『出版ニュース』〇六年一月下旬号)や『新文化』などに原稿を書いてキャンペーンを張り、流対協は取引条件の改善を取次に要求し、一定の前進が見られました。いざとなると尻込みしたりする版元もあり、なかなか難しいこともありましたが、しかし、取次の仕入部からの条件切り下げのための呼び出しなどは止みました。

34 書店をめぐる状況

高須 一方、取次は取次で、大手出版社や書店ナショナルチェーンなどに取引条件で優遇すれば優遇するほど、中小書店や中小出版社に過酷に当たるようになります。取次だって売上が落ちているわけだから、書店からの回収に必死になる。

―― ところがこの二十年でどれだけの書店が消えたかを考えると、切実な思いにかられますよ。取次にしてみれば、売掛金の膨らんでいる書店に民事再生法や自己破産を申請されたら目も当てられない。どれだけ倒産引当金を積み上げたか、相当な金額になると思う。

高須　大手、老舗出版社にとっては今の委託制はまことに都合がいい。ところが中小零細出版社にとっては都合がいいどころではない。大手出版社にたまたま取引条件のことを話したことがあった。すると支払いサイトの長さにびっくりしていた。しかしこの点に関しては大手出版社も秘密で、大手同士でもお互いに詳しく知らないし、その話になるべくふれようとしない。

その大手、老舗出版社に対する支払い優遇処置の皺寄せが書店に回ってるのじゃないかと思う。レジのおつりまで取次の担当者に持っていかれたという話を地方の書店組合の人に聴かされた時は、暗澹たる気分になってしまいました。

あの東北ブロックの書店大会の声明だって、その事実を反映しているのでしょう。無用な新刊やセット内払いがあれば、新刊を乱造して押し込めば取りあえずお金になる。無用な新刊やセットの押し込みを招くわけで、書店の方は新刊も委託も込みでの翌月一〇〇％払いを請求されれば、当然のように金融返品が起きるし、せざるを得ない。支払いのための金が銀行から借りられる時代ではなくなっているから、返品しかない。しかも、納品の締め日より返品の締め日が早いなどという、およそ商慣習として許されないことを強要されれば、どんどん早期返品になってくる。

常備や長期セットに関しても金融返品の温床になっているから、もはやそうした常備や長期セット、これもあなたのいう近代流通システムが生み出したものだと思うけど、まったく機能しなくなっている。そのような悪循環が書店をさらなる廃業へと追いやっていると私は見ています。

――だからますます大型店でも自主仕入れの注文品の書籍を売るよりも、雑誌、コミック、文庫をメインにして、書籍は新刊とベストセラーだけを売る店が増えていく。注文品は返品率を高くするとのアナウンスメントも加わって。

高須　それゆえに現状分析としては大手、老舗出版社の高正味と支払いの優遇、大手書店チェーンへの優遇のあおりを受けて、一般書店はほしい新刊が来ない、支払いや正味が厳しいといった問題を抱え、それが高返品率へと結びついている。

――しかしその高返品率が中小書店によるものだとは考えられない。かつてと異なり、閉店も大型化しているから、チェーン店の閉店が多いし、それによって発生する返品量は半端なものではない。様々な書店市場をめぐる矛盾が吹き出しているし、そのチェーン店だって、ジュンク堂の全国的な大型店の出店ラッシュによって、どのように変わっていくのか、予断を許さない状況に入りつつある。

高須　新たな再編の動きがまたしても起きようとしていることになるのか。そうなると、入り組んで錯綜をきわめている取次と書店の関係もどうなっていくのか。

この間の約十年を見てみると、取次店の支払い猶予措置などに支えられた大型書店チェーンの全国展開の影で、中小書店の廃業や地方老舗書店の廃業がドラスチックに進行し、ロードサイド書店の衰退がおこり、勝ったはずのジュンク堂、丸善、文教堂などは結局、資金繰りに行き詰まり大印刷資本DNPの傘下に入ってしまった。図書館納品で一人勝ちしてきたTRCもDNPの傘下に入ってしまった。ダントツ一位のDNP、アマゾンの二強の後は、書店プロパーで残っている紀伊國屋書店が続き、リブロなどの日販子会社グループ、書店プロパーの有隣堂が続くという書店業界地図に変わってしまいました。

同じくDNPグループとなったブックオフは、日経MJの調べによるとアマゾンを除く書店ランキングで文教堂を抜いて五位となっています。売り上げを定価換算で三倍にすると紀伊國屋を抜いてしまいます。文教堂などのロードサイド書店は、コバンザメ商法といううんでしょうか新古書店にも苦しめられていると思います。文教堂の後にはイオンの子会社でショッピングモール型書店の未来屋書店が続いています。

――それも予断を許さないところまできているし、いずれにせよ、二〇一一年が出版社、取次、書店にとっても正念場でしょう。私たちのことを考えてもそう思う。

高須　それにつけても考えてしまうけど、さっき話に出た八重洲書房のような書店がまったくといっていいほどなくなってしまった事実です。かつては首都圏だけでなく、地方の都市にもユニークな品揃えをしている店があった。札幌にしても福岡にしても広島にしても、そういう店がかならずあり、それが営業で地方を回っているとオアシスのように見えた。

――今でも残っているのは名古屋のちくさ正文館、京都の三月書房、鳥取の定有堂書店ぐらいじゃないですか。実は彼らにもこのシリーズに登場してもらって、話を聞けたらいいと思っているんですが。

高須　それはいいですね、ぜひ実現させて下さい。そのような書店の声もまったくといって残されていないから、本当に聞いてみたいと思います。やはり大型店やネット書店とのバッティングもあるでしょうし、その中をサバイバルしてきたスキルは私たちの何らかのヒントになるでしょうから。

橋口発言が七九年だったから、もう三十年以上にわたって中小書店の退場、大型書店の出現、アマゾンの上陸と様々にあったけれど、アマゾンとＤＮＰの勝利に終ったということでしょう。本当に本を愛する書店人に支えられた書店文化は失われていってしまった。肝心の正味のほうは九〇年後半に大手出版社が少し下げただけで、何も変わらずに、ここまできてしまった。老舗出版社や大手出版社が正味をもっと下げていれば、鈴木書店も倒産しなかっただろうし、中小書店ももっと存続できたと思います。何か恐ろしい気もする。

―― ずっと色々と議論されながらも、それらはいつもつぶれてしまい、何もなされていないことに唖然としてしまう。

高須 そこにグーグル問題と電子書籍まで絡んできた。これが出版社、取次、書店も含めて、読者にもどのような影響を与えていくのか。

―― それがまさにこれからの問題だ。

第Ⅳ部

35　グーグル・ショックと図書館プロジェクト

高須　一昨年（二〇〇九年）がグーグル問題で揺れ動き、去年（二〇一〇年）が電子書籍元年だった。色んな端末が発売され、今年はさらに多くの電子書籍が刊行され、さらに本格化していくようです。

――私はマスコミの報道を見て、電子書籍狂騒曲とよびましたけれど、去年の後半は電子書籍一色に染まってしまった感があり、グーグル問題なんかはもうずっと過去の出来事のようなことになっていると思います。でもこの高須さんへのインタビューの目玉というか、重要な論点は再販制に関する公取委との裁判、及びグーグル問題だと考えていますので、詳しくお話し下さい。

高須　一昨年の三月に流対協の総会をやっている時、『毎日新聞』の記者がきて、それで恥ずかしながらグーグルの件を初めて知った。それまでまったく知らなかった。

――それは高須さんだけでなく、私たちも同様です。それにグーグル問題というのはまったく知らない奴がアメリカからいきなり電話をかけてきて、今度おまえのところで出している本を勝手に電子化すると通告してきたような印象もありますから。

高須 ニュースとしてはその何日か前から流れていたんですが、問題があれほど大きくなるとは思っていなかった。

この経緯を説明すると、二〇〇四年に検索最大手の米国のグーグルはそれまでの通常のウェブサイトの検索サービスだけではなく、書籍の全文検索と閲覧ができるサービスをめざし、書籍のデジタル化プロジェクトを始めた。このグーグルブック検索によって、ウェッブ広告収入をあげるとともに、大学、企業、公共機関、図書館、個人などにサービスを有料で提供していくプロジェクトです。グーグルの場合、これにはふたつのプロジェクトがあって、それは図書館プロジェクトとパートナープログラムで、このふたつのプロジェクトを通じてデータを集めている。

グーグルのホームページなどによると、前者の図書館プロジェクトは絶版や市販されていない書籍を読者に提供するとの目的で、〇四年から米国を中心に世界の特定の図書館との間で蔵書をデジタル化する契約を結び、出版社や著作権者に無断で商業利用を目的にデジタル化（スキャン）しているものです。

現状でも「図書館プロジェクトで登録された書籍のうち著作権保護期間内の書籍つまり

著作者の死後五十年以内の書籍については、図書館カードカタログのような形式で、書籍の情報と検索キーワードを含む文章の一部（数行）を表示します（これをスニペット表示と呼びます）。図書館プロジェクトで登録された書籍のうち著作権保護期間が満了しているものは、全文を読むこともダウンロードすることもできます」（同ＨＰ）というサービスです。

グーグルは、米国をはじめ世界の一七の図書館と提携して――こうした提携図書館は完全参加図書館といわれます――所蔵書籍を全頁デジタル化して、提携図書館は、デジタルデータを見返りに貰える。

アメリカのスタンフォード大学、ミシガン大学、ハーバード大学などを中心に、イギリスはオックスフォード大学、ドイツ、ベルギー、スペイン、スイスなどの大学・公共図書館が参加して、すでに七〇〇〇万冊がデジタル化されています。

日本では二〇〇七年に慶應義塾大学の図書館が参加していて、著作権の切れた書籍一二万冊をデジタル化したとのことです。英・仏・独・西の欧米主要言語に日本語の本も加わった。

後者のパートナーズプログラムというのは出版社とグーグルが契約し、デジタル化し、その本の一部閲覧、中身が検索ができる――プレビュー表示といいますが――それができます。そしてその書籍を購入できる書店へのリンクも表示されます。最終的にはダウンロードサービスをめざすもので、出版社と合意の上で成立するプロジェクトなわけです。二〇〇九年春の日本書籍出版協会の話によれば、日本でこれに参加している出版社は一〇〇社位といいます。

グーグルは、図書館プロジェクトの大義名分を次のように説明しています。

「ブック検索で図書館プロジェクトを開始したそもそもの理由の一つは、絶版または市販されていない書籍でも継続して入手できるようにすることです。グーグルと著者、図書館と出版関係者のパートナーシップによって、人類の知の資産をこのような方法で守ることができるということを、大変嬉しく思います。」

ここに掲げられた理想自体は悪いものではない。しかし現実は言葉どおりではなかったのです。

――なるほど、それが前提となっている。

高須　本の全文検索サービスを最初にはじめたのは、アマゾン・コムです。アマゾンは二〇〇三年十月に「サーチ・インサイド・ザ・ブック」（Search Inside the Book）で、日本では「なか見！検索」で知られているサービスですが、アマゾンはこのサービスを著作権者や出版社の許諾を得た本に限っていた。

アマゾンの全文検索サービスに遅れを取ったグーグルは、〇四年に図書館プロジェクトをはじめるわけです。

ところがグーグルの場合、そうした著作権の許諾手続きを飛び越えて、フェアユースつまり公正な公共的使用だから許されるということを名分にして勝手に始めたわけです。

ロバート・ダーントンの「グーグルと書物の未来」（高宮利行訳、『思想』二〇〇九年第六号、岩波書店）によると「〇八年までにデジタル化したと報告されている七〇〇万冊の書籍のうち、一〇〇万冊はパブリック・ドメイン（著作権保護期間切れ）にある作品で、一〇〇万冊は著作権があって市場にあるもの、残りの五〇〇万冊が著作権はあるが絶版の書籍である」といわれています。

そのグーグルに対して、アメリカの米国作家組合（ＡＧ）と全米出版社協会（ＡＡＰ）のふたつの団体が、作家の著作権を無視し、出版社に事前の許諾を得ることもなく、無断でスキャニングしているのは著作権法違反だと、〇四年秋に裁判を起こした。

グーグルが行った行為は、商業利用を目的とした書籍の全ページ無断スキャニング行為です。販売目的であるかいなかにかかわらず頒布を目的に、音楽、放送番組、映画、本などを無断でコピーしたらどうなるか。こうした行為は著作権者の権利を侵害する行為として、著作権法違反となります。

日本の著作権法によれば、著作権などの侵害は著作権法一一九条で十年以下の懲役若しくは一〇〇〇万円以下の罰金（法人の場合は三億円以下の罰金）となる。商業目的で確信犯であれば当然重くなる。また民事上の損害賠償を求められます。

ところがアメリカのグーグルの場合はそうではない、フェアユースだと主張し、渡り合うわけです。

そして現実的には裁判のかたわらで、グーグルはそのプロジェクトを休むことなく続けていった。すると裁判もどうなるのかの確信も持てないし、負ける場合も考えられるということで、全米作家組合と全米出版社協会のほうから和解を申しこみ、〇八年にグーグルと和解する。

――それがグーグル訴訟、及び和解と称された一件なんですね。

36　クラス・アクションとベルヌ条約

高須　そうです。ところがこの和解には特殊な背景がある。アメリカの場合、その裁判がクラス・アクション、集団訴訟であったことです。

――グーグルはフェアユースで受けて立ち、作家と出版社はクラス・アクションで立ち向かう、いかにもアメリカらしい裁判ということになるんでしょうね。そのクラス・アクションをもう少し具体的に説明して下さい。

高須　これは米国の消費者訴訟などでよく用いられるもので、たとえばある商品の欠陥で多数の消費者が被害を受けた場合、三人以上の被害ユーザーが他の全員のユーザーのためにも、メーカーを訴えて訴訟を遂行した場合、裁判所からクラス・アクションとして承認（認証）されると、クラスの範囲、つまり被害者の範囲が確定され、該当するクラスのメンバー（構成員）は和解ないし判決が出た場合、訴訟に参加していなくてもこれに拘束されるという制度です。

一人当たりの被害額が少額で被害者が多数にのぼるような場合や被害者全員が原告とな

れない場合、この方法により被害者全員が救済されるというメリットがあります。日本の場合は消費者裁判や公害裁判でも、あくまで訴訟提起者が救済されるだけです。

少し前に観た映画で、ニキ・カーロ監督の『スタンドアップ』という一作がありました。男ばかりの鉱山労働者の中にアカデミー女優のシャーリーズ・セロン演じる女性の主人公がいる。そこでは女性も働いているのだけれども、女に職場を奪われるかもしれないということで、男たちがセクハラをする。そこで主人公はセクハラだと訴える。ところが鉱山特有の閉ざされた狭い社会でもあり、誰も証言しないし、組合を支援してくれない。組合も男たちの味方で、女は駄目だと思っているし、会社側も組合と同調している。

主人公はまったく孤立してしまい、最後になって裁判に訴えるわけです。

そこで彼女は「これは私だけの問題じゃない」という。すると裁判官が「クラス・アクションを要求するんだな」と応じる。他に誰かいるのかということになるのですが、誰も手を挙げようとしない。それから彼女が赤裸々な実態を告白するなかで、彼女に同情的で迷っていた人が手を挙げる。しかしクラス・アクション訴訟のためには三人が必要なので、まだ一人足りない。そこでようやく三人目が手を挙げる。かくしてクラス・アクション訴訟が成立し、この三人は鉱山でセクハラを受け、被害をこうむったということになり、彼女たち三人以外の人も被害を受けているのであれば、同じような賠償金が支払われるわけです。

つまりその賠償金が一万ドルとすれば、その鉱山で同様の被害にあった女性たちのすべてに一万ドルを賠償金として支払わなければならない。これがクラス・アクションです。

—— つまりグーグル問題も同様だったわけですね。

高須 そうです。図書館プロジェクトでスキャンされ、著作権法違反の被害をこうむった著作権者、出版社は全員が対象となったわけです。

和解案に即していうと、グーグルブック検索訴訟の集団（クラス）の範囲は、グーグルが提携した図書館の蔵書のうち、和解案の通知開始日である〇九年一月五日までに無断でスキャンされた書籍または挿入物で著作権保護期間中のものの著作権者や出版社がその範囲に入ることになっています。

書籍は、「〇九年一月五日以前にハードコピーの形で出版または配布された小説、教科書、論文およびその他の執筆物等の発売中の執筆物をさします」。「定期刊行物（新聞、雑誌等の定期的に刊行されるもの）、個人の論文、楽譜および公有財産（米国著作権法上パブリック・ドメイン＝著作権保護期間切れのもの）や政府の刊行物及び政府の刊行物等は含まれません」

（法定通知より）。

クラス・アクションでは、訴訟の効力が及ぶ範囲であるクラスが確定され、和解案が裁判所によって仮承認されると、クラス構成員に告知し、納得できない構成員のためにクラスからの離脱（オプトアウト Opt-out）をできる機会を与えねばなりません。オプトアウトの期限は〇九年五月五日とされました。和解案に参加するか否かの選択肢しかないのにそれすらもはじめはよくわかりませんでした。

ここまでの話の限りでは、日本には関係ないように思われます。ところが著作権に関する国際条約にベルヌ条約（文学的及び美術的著作物に関するベルヌ条約）があり、この条約の原則に「内国民待遇」というのがあります。「自国民に与えている保護と同等以上の保護を条約締結国民に与える」という原則です。

グーグルブック検索和解案でいうと、米国以外の外国のベルヌ条約加盟国の著作権者や出版社は、ベルヌ条約の内国民待遇によって、米国内でも著作権を有することになり、保護の対象となる。米国の図書館に所蔵されている日本を含む米国以外の出版物も相当数が無断でスキャンされていて、その被害の回復を求める米国の著作権者や出版社の訴訟がクラス・アクションであることから、米国以外のベルヌ条約加盟国の著作権者や出版社もこのクラス構成員となってしまい、その結果に拘束されることになったのです。当然、日本も含めイギリス、フランス、ドイツなども加盟していますから、この訴訟に巻き込まれていく。〇九年五月五日までにオプトアウトの手続きをとらなければ、和解案に同意したと見なされてしまうのです。

――なるほど、それがグーグル・ショックの真相なんですね。

高須　まさに、そのとおりです。

37　グーグル和解案

――それで問題の和解案の内容はどのようなものだったのですか。

高須　まず権利者への補償内容です。

1　データ利用による売り上げの六三％を版権レジストリ（グーグルは設立資金三四五〇万ドルを拠出）を通じ今後権利者に支払う。

2　〇九年一月五日以前に無許可でデジタル化した書籍について一点六〇ドルを支払

う。

次にグーグルの権利内容も挙げておきます。

Ａ　表示使用
１　アクセス利用
ａ　企業、教育機関、政府、個人へのデータベース利用権の販売。閲覧、コピー&ペースト、プリントアウトが可能に。
ｂ　公共図書館・高等教育機関でのデータベースへの無償アクセスの許可。コピー&ペーストはできない。プリントアウトは有償。
ｃ　今後開発されるその他の商業利用
２　プレビュー利用　Ｇｏｏｇｌｅ無償閲覧
３　スニペット表示
Ｂ　非表示使用　図書目録表示やＧｏｏｇｌｅ内部調査研究
Ｃ　広告利用　権利者に収入の六三%

D　これまでデジタル化に協力した参加図書館に、デジタルコピーを与える。研究利用、講義での利用などができる。

E　リサーチデータベースでの利用

これらがアメリカにおける著作権訴訟から導き出された和解案のコアです。

――これが日本文藝家協会や書協でも問題になり、流対協も独自に対応に取り組んだ理由も説明してくれませんか。

高須　クラス・アクションでは、原告被告間の和解案ができても、それが裁判所によって承認を得なければ、成立しません。

グーグルブック検索和解案も、和解案に対する異議申し立てや意見表明などは〇九年五月五日までに裁判所に提出し、同年六月十一日に南ニューヨーク地区連邦地裁で開かれる最終公正公聴会を経て、裁判所が正式承認すれば成立します。クラス構成員は、クラスに留まることが妥当かどうかを判断することがもっとも重要になる。クラス構成員からオプトアウトが続出したりすれば和解案そのものが、裁判所から公正な和解案として承認されなくなったり修正をされることになるわけです。

だからこの条件で和解するか、このクラスから離脱するか、いついつまでに意思表示をするべきかを迫られた。それが〇九年五月五日だった。

日本では二月末にグーグル和解管理者によるその法定公告なるものが、新聞広告の求人欄のようなところにでるのですが、小さな字で、しかもコンピュータの機械翻訳で、何をいっているのかわからない。

――アメリカの要望書のような感じですか。

高須 通知は通知なんですが、ほとんどわからないような文章で、影響が及ぶ恐れがありますという内容の法定通知だった。

その法定通知がいくつもの新聞に掲載され、それに関する記事が出るようになって、初めて事態を知ったわけです。とにかく最初はクラス・アクション、グーグルの無断スキャニング、それに対する六〇ドルの支払いなどもよくわからなかった。

38　「和解参加が得策」と判断した書協

高須 書協は、権利者の選択肢を次のように説明しています。

1　和解に参加する：何らの通知も行わなければ自動的に和解参加となる。
2　参加を拒否する：〇九年五月五日までに通知することが必要。参加を拒否することによって、Ｇｏｏｇｌｅや参加図書館への新たな訴訟提起や抗議を行うことはできるが、過去のデジタル化に対する解決金（一作品あたり六〇ドル）を受け取ることはできなくなる。
3　異議申し立てを行う。ただし、裁判所に異議を却下された場合は現条件での和解参加となる。
4　和解に参加した後に表示使用から除外する。
5　和解に参加した後、特定の書籍を削除する。

書協の選択肢は、五つに分けてさまざまな方法があるかのようになっていますが、結論的には和解参加はやむを得ないというものでした。和解案を認めることは、グーグルによる無断のデジタル化という不法行為を不問に付すことになるのにです。

日本文藝家協会は、三月二日に和解案が「使い放題の状態に一定の歯止めがかかったわけで」和解参加は妥当との方針を確認する。書協は三月十九日に「和解拒否は現実的ではない」「和解への参加が妥当」との見解を出し、三十一日にそうした趣旨の会員説明会を開きます。

こうした書協の判断は、オプトアウトは訴訟を提起する権利が残存するのみで、グーグルがデータベースにスキャンし続けることを阻止できないばかりか、一冊六〇ドルなどの「和解金」や今後の収益を失うことになるだけである。反対に和解案に参加しても米国内の利用だから実質的被害はない、書籍の表示使用から排除したり、データベースから除去したりすれば問題ないというものです。

〇九年四月に書協が発行した「Google Book Search　クラスアクションの和解に関する解説～その手続きと法的効果及び出版文化に与えるインパクト～」(松田政行・増田雅史著)によると、「わが国の著者及び出版社の場合は、米国内において書籍等の利用行為がなされたとしても、実質的な損失を蒙ることはほとんど無いものと考えられる」「一般論としては、本件和解からオプトアウトしないほうが得策であるものと考えられる」とあります。書協の顧問弁護士が書いたもので書協の方針決定の根拠になったものです。

説明会では、いまお話しした権利者の選択肢を説明した上で、「和解」への対応を、①

和解不参加（オプトアウト）の著者以外から参加の一任を取り付ける、②著者から参加の一任をとりつけ和解に参加して表示使用から排除したり（Exclusion）、特定の書籍をデータベースから除去（Remove）する、③出版社は著作権者でないので著作権者に判断を一任する、など著者への通知文例を配布して、判断と対応を会員各社に丸投げしてしまった。『新文化』〇九年四月九日付に金原優書協副理事長が寄稿、「和解参加が得策」との方向性を改めて示した。かくして出版界全体が和解参加へ雪崩を打って動き出したのです。

39　流対協の独自の見解

——それで実態を把握しようと、緑風出版と流対協加盟社の本のことを調べたわけですね。

高須　そうです。まずグーグルのブック検索和解の管理サイトにアクセスし、加盟出版社が自社の市販中の本が和解案でどう扱われているかを調査した。すると大量にスキャニングされていることが分かった。

緑風出版の場合、出版物のすべてが市販されていない本、絶版書籍に分類されていて、稼動点数の九五%がスキャンされ、そのうちの一四%がデジタル化されていた。流対協全体からすれば、大量にスキャニングされているとわかり、驚いてしまった。
それで三月三十一日、流対協の機関通信「FAX新刊選」四月号「ほんのひとこと」で「Googleショック」と題し、日本の書籍は市販されていないとされて勝手にデジタル化されているなど問題点を指摘し、和解案を批判した。これが日本の出版界で団体としてグーグルブック検索和解に異議を唱えた最初のものです。

――それで書協とは異なる独自の見解を発表した。

高須　四月二十日に流対協の有志で組織する日本出版著作権協会（JPCA）と協力し、緊急集会を開き、次のように和解案に参加しない対応を呼びかけました。それらを要約しておきます。

1　リストに挙げられた書籍はほとんどが市販中のもので、絶版本を読者に提供するという謳い文句と事実はまったく異なる。絶版の判断はグーグルの恣意的なもので、図書館蔵書を何でもデジタル化し、オプトアウトしなければ、和解参加とされ、刊行中の書籍でも絶版と見なされてしまう。

2　これほど大規模かつ組織的な商業利用目的の無断複写という著作権違反行為は前代未聞の犯罪である。和解案の金銭的解決は無断スキャニングの行為を不問にするためのものだ。

3　グーグルの和解案が効力を発揮するためには全世界の著作権者の合意がとれていると、裁判所に証明しなければならない。

4　裁判所が承認してしまうと、和解はオプトアウトしていない全書籍に拘束力を持つ。

このように和解案に反対する流対協の集会にはマスコミの取材も多く入り、メディアもこの問題を取り上げるようになり、日本ペンクラブの抗議声明、日本ビジュアル著作権協会（ＪＶＣＡ）も離脱表明に至った。

その一方で、世界的にもフランスの出版社がグーグルを訴えた訴訟は継続しており、ドイツは和解から離脱し、イギリスでは書店組合も反対の声を挙げ、アメリカでも消費者団体が和解案は独禁法に抵触するのではないかと問題視するようになり、司法省も動き出した。それで四月末になって、五月五日を和解期限としていたのに、四ヵ月延期すると、突然発表した。

——流対協は公取委との闘いに続いて、またしてもグーグルとの闘いの日々に巻きこまれていったことになる。

高須　そうですね。それで和解案によると、米国内における伝統的な販売経路、つまり書店で売り出されているものが市販されている本、そうでないものは市販されていないと分類され、前者は刊行中の本とされ、後者は自動的に絶版書籍とグーグルが判断することになっている。

この結果、米国内で販売されていない日本の市販書籍がほとんど絶版書籍にされていたわけです。しかも、五月五日までになにもしなければ、ほとんどの本が絶版書籍とされたまま和解案に賛成したものとされ、参加することになってしまう。

また、絶版とされた本の権利は著者に復帰しているので、出版社に六〇ドル貰える権利はないことになる。こんなことならすべて和解案からオプトアウト（離脱）したほうが安全である。流対協はこう判断しました。

この無断スキャニングから成立している図書館プロジェクトによって集積したデータベースを、グーグルは政府、民間企業、個人に売り、それらが閲覧されたり、コピーされたり、ダウンロードされていく。もちろんデータを提供した大学図書館にもフィードバックされ、大学や教授や学生に利用されていく。それらの有料使用料についての分け前を著作権者、出版社にも分配するというのが和解案の計画だった。
でもこんないい加減なことで、絶対に和解に参加などできない。

40　書協の誤り

――でもその判断に関して、どうして書協は和解に参加すべきだとの結論に至ったのか。あの公取委の公表文ではないけれど、グーグル問題にも様々な検討を加えることなく、唯々諾々と従ってしまうことなかれ主義を感じてしまう。

高須　書協が犯した最大の誤りはグーグルに問い合わせることもなく、国際出版連合（IPA）の回答だけを判断材料にして、日本の出版業界の命運を左右する和解参加を意思決定したことでしょう。

時間がないから出版社に一任しろとか、講談社のように出版社に著作権はないので、著者の考えにまかせればいいという案は、法的に見ても、無責任すぎると思う。一度参加すれば離脱はできないのですから。日本語版の全文定訳もないまま、めくら判を押すに等しい。何も知らない少女が郭に投げ込まれるようなものですよ。

講談社の「どの選択肢をお選びになるかは、著作権者である皆様しか決めることはできません（出版社は著作権者ではありません）」との著作者への通知文について触れておきましょう。これは出版社は著作権者ではないので、著者の皆さんは和解に参加するなり、いやなら和解からオプトアウトしてグーグルを訴えるなり何なりしてください、ということです。

確かに、日本の著作権法では、伝達者としての権利である著作隣接権は、レコード事業者や放送事業者には与えられているが、出版社には与えられていません。

著作権者は、「その著作物を文書又は図画として出版することを引き受ける者［注＝出版社のこと］に対し、出版権を設定することができる」（著作権法七九条）。「出版権者は、設定行為で定めるところにより、頒布の目的をもって、その出版権の目的である著作物を原作のまま印刷その他の機械的又は化学的方法により文書又は図画として複製する権利を有する。」のみなのです。

平たく言えば、出版社は著作物を紙に印刷して紙の本として出版し販売できるだけです。それ以外の著作物の複製その他の利用の許諾は、出版社がすることは許されず、著作権者のみがこれを行うことができます。したがって、グーグル和解案にどう対処するかは著作者の権利であるということになります。著作権法上は、講談社の言っていることは間違ってはいないわけです。

しかし、著者のほとんどは個人であり、デジタル環境でグーグル和解と対応できる人が大半という訳でもない。個人事務所をもっていたり、代理人を立てたりして対応できる人も少ない。丸投げはあまりに著者に不親切です。

また、自社の出版物に対する責任はどうなるのか。著作物の普及・伝達者としてそれでいいのか　グーグルの図書館プロジェクトは、そもそも絶版や市販されていない書籍を読者に提供するという謳い文句なのに、日本の本のほとんどが市販されていない書籍つまり絶版扱いにされているのが現実だ。

表示使用の権利がグーグルにあり、グーグルは使用料を、著作権切れでなければ日本の著作権者には支払う必要があるが、出版社に支払う義務も必要もない。和解金の一冊あたり六〇ドルも出版社が受け取れるわけでもない。これをみれば、和解参加など危なくてできるわけがありません。

――これからの電子書籍問題についての書協の対応も絶えずウォッチしていく必要が

あるし、ましてこちらは端末メーカーとプラットフォームが入り乱れているから、もっと様々な問題が潜んでいるかもしれない。

41 パクリのプロジェクト

高須 この図書館プロジェクトの最初の目的は絶版とか品切になっていて入手できない本、それに著作権者が不明とか、著作権切れになっている本、いわゆるアメリカでいうパブリックドメイン、公的共有財産になっている本を中心にしてデジタル化し、利用できるようにするというものだった。

そのような人類の遺産、文化遺産、知的財産を自分たちが保存し、供給していくというのが建て前だったから、グーグル流にいえば、崇高な誇るべき事業に映ったのかもしれない。

——でもそれは最初にアメリカの議会図書館が九〇年代に始めたものだったんじゃないかしら。

高須 そうですね。それは「アメリカの記憶」というプロジェクトで、同じような試みがヨーロッパでも始められていた。グーグルはそれらにヒントを得て、利益を上げる私企業のプロジェクトに仕立て上げた。

――私企業で、なおかつ世界最大の情報産業となったグーグルと大学図書館との結びつきがよくわかりませんが。

高須 それはグーグルのデータベースをデジタル化に応じた大学は戻してもらえるからでしょうね。日本だと慶応大学の図書館はそのメリットを享受できる。

さらにいえば、そういうグーグルのデジタルデータを持つことで、慶応図書館のグレードが上がる。グーグル提携している図書館だということで、日本の図書館としての知名度が格段とアップする。そんなことまで考えた上で協力したんじゃないでしょうか。

――でも実際に十二万冊をグーグルに提供したわけだから、その中に著作権法にふれるものはないのか。グーグルの「絶版」判断に従うことはなかったのかが気になる。もちろん外国の大学図書館が架蔵している日本語の書籍もスキャンされているでしょうが、それでも十二万冊といえば、日本語の書籍としては最大の分量となるのは明らかです。

高須 私たちもそれが気になって慶応図書館に対して質問状を出したところ、著作権法上の問題のないものだけを提供した、プレスリリース以上の話はない、会いたくもないという回答が返ってきた。

——それもまた納得のいかない話ですね。図書館というのは大学に限らず、開かれたようなふりをよそおっているが、内側に入ってみるとひどく閉ざされた官僚システムが張り巡らされているから、オープンな回答は戻ってこない。

42 デジタル化とオプトアウト

高須 そうかも知れません。ただ、こちらもグーグル対応で忙しく、それ以上は追及しませんでした。

——ちょっと横道にそれましたが、さきほどの日本の出版社がデジタル利用の許諾を自らできないという話は、とても重要なことなのでもう少し話してください。

高須 グーグル和解案は、当然アメリカの著作権法のもとに作られていて、刊行中の本は出版社がその複製などを許諾し、出版社が本を絶版にすると、出版社に譲渡されていた著作権は著者に復帰して著者が許諾する。それで著作者が死後五十年を迎えていれば、これはパブリックドメインで、公共財産だから無料で自由に使えるという構造です。

ところが日本の場合だと、そうなっていない。出版社に著作権の譲渡はなされていないわけだから、設定出版権しかなく、著者から許可を得て、印刷し制作することができるだけです。自ら許諾ができない。グーグルのプロジェクトの場合、ネットとデータを使うやり方で、日本の出版社が関与できない、別の分野の話になってしまう。

――これは色々と錯綜しているし、複雑をきわめている。

高須　書協側の弁護士からも、日本の出版社に当事者性がないのではないかという意見も出されたほどです。

先に触れた「Google Book Search クラスアクションの和解に関する解説」（松田政行・増田雅史著）でも、「わが国の出版慣行としては、著作権を出版社に譲渡することはほとんどなく、出版社には債権的な権利を付与するのが通常であり、まれに登録なき出版権を設定する（第三者に対抗できる設定出版権にもなっていない）程度である。

そのため、日本国内において出版された書籍の大半については、著作権が著者に存在することに注目され」著者に権利が復帰している場合に分類される恐れがあると指摘しています。当事者性がなければ、出版社は六〇ドルももらえないし、それから先に上がる利益も、全部著者のところにいってしまうことになる。

―― でもそれだと、出版社主導のデジタル化という問題を自ら捨ててしまったことになりませんか。

高須 自ら捨てたというより、著作権法上、出版社には紙に印刷する以上の権利はないのです。流対協は出版者の権利を著作隣接権として獲得しないとインターネット時代に対応できないと考え、二〇〇四年に著作権等管理事業を行う日本出版著作権協会（ＪＰＣＡ）を設立しました。しかし、当時、こうした考えが会のなかで十分理解されたわけではなく、有志での設立になった。

書協はグーグル問題の教訓から、昨年来、出版者の権利を著作隣接権として獲得しようと主張するようになりましたが、それまではせいぜい版面権とかいう程度でした。この問題を突きつめていくと、今の著作権法の改正の問題に行きつくわけです。しかし、このときはそうではなかった。

出版社はグーグルから金はとれないし、著者と争いになった場合も敗けてしまう。だからグーグルの和解案システムの中には入れない、これが私たちの判断だった。したがってオプトアウトすべきだと。

43　オプトアウトへ

高須　〇九年四月二十一日、緑風出版や流対協の経営委員長でグーグル問題を一緒にやった上浦英俊さんがやっている柘植書房新社が、和解管理者あてに、次の文書を添付してまずオプトアウトの手続きをとります。

「Ｇｏｏｇｌｅの違法行為、犯罪行為について、強く抗議する。Ｇｏｏｇｌｅブック検索和解案に反対する。Ｇｏｏｇｌｅからのあらゆる損害に対して、賠償請求権は放棄しない。下記の当該書籍は販売中であるため除外する。」

その後、流対協も『本の定価を考える』などの著書があるので著作権者としてオプトアウトの手続きをとります。五月五日の期限を迎えて、書協関係出版社は黙って参加することになった。その矛盾に気がついている人もいたが、大部分がわかっていなかったといえます。

―― しかし国際的にも反対の声が上がり初めていましたよね。

高須　フランスは、〇六年に出版社と著者の団体の両方がグーグルを訴えており、それにドイツも反対の声を上げた。それでこのまま押し切るのはまずいと思ったのか、九月まで延期となった。四ヵ月先送りになったわけです。

44　流対協の記者会見とグーグル離脱表明

―― それを受けて、流対協は記者会見を開いた。

高須　〇九年五月二十五日から、米国作家組合（ＡＧ）と全米出版社協会（ＡＡＰ）の顧問弁護士らが来日するとの情報が入り、それにぶつけるため五月十八日に、流対協は記者会見を開催、報道各社が参加した。会見では次の問題点を指摘しました。

1　グーグルが商業目的で本の版面を出版社や著者に無断で組織的かつ大規模にスキャンした行為は、著作権法違反の違法行為であることは明白である。したがってそのような行為に基づいた「和解案」は受け容れられない。

2　絶版書籍などの利用を主な目的にしたグーグルブック検索和解案は、現実には市販されている書籍を大量に含んでおり、何もしなければ参加したことになりこうした書籍がデジタル化されてしまうという一方的なもので、日本の出版文化を防衛する観点からも容認しがたい。

3
絶版本の公開を目的とするＧｏｏｇｌｅ図書館プロジェクトは、市販中の本が対象外なのだから、それをもつ我々は参加する必要はない。グーグルブック検索で市販中の本を販促したい出版社は、パートナーズ・プログラムに参加すれば済む。また絶版にするか否かがグーグルの基準で判断されることに強い違和感がある。差別表現などで絶版した本などさまざまな理由があるので、公開については当該国の当事者で行うべきである。

4
絶版書籍などの出版物の保存と公開は公的機関が責任を持って行うべきで、グーグルなどの私企業に任せるべきではない。日本の出版文化の保存と公開は国立国会図書館などの公的機関が著作権者、出版社などと協力してあたり、ユネスコの世界デジタル図書館などを通じて公開していくべきである。

5
著作権者不明の書籍、いわゆる「孤児作品」についても、日本の公的機関が管理していくべきである。

などです。

また和解案を承認しないよう要請するニューヨーク南部地区連邦地裁判事宛の文書を読み上げました。同十八日、連邦地裁グーグル本社、グーグル日本支社に離脱表明の文書を送付しました。

ニューヨーク南部地区連邦地裁判事 宛

われわれ出版流通対策協議会に参加する日本の九八の出版社は、日本の出版文化をGoogleから防衛するためグーグルブック検索和解案に反対する。

Googleが商業目的で本の版面を出版社や著者に無断で組織的かつ大規模にスキャンした行為は、著作権法違反の違法行為であることは明白である。したがってそのような行為に基づいた「和解案」は受け容れられない。

絶版本をデジタル化して読者に提供するという謳い文句とはまったく異なっている。現実には、日本の出版社の市販中の本の九〇%以上をリスト化し、一〇%以上がすでにデジタル化されている。

このような憂慮すべき事態が起きているのは、和解案がアメリカにおける伝統的な販売経路、つまり書店などで販売されていないとグーグルが判断した本は市販されていないことになり、自動的に絶版扱いとみなすという、アメリカでしか適用できない内容になっているからである。

アメリカ国内の著作権者と販売者にしか妥当性のないものは、容認できない。

アメリカ国外の書籍は、不当に差別され、アメリカ国外書籍の販売者は、営業を妨害される可能性は極めて高い。

われわれ出版流通対策協議会はＧｏｏｇｌｅからのあらゆる損害に対して、賠償請求権を放棄しないことを通告すると共に、Ｇｏｏｇｌｅ和解案に参加しないことを表明する。

連邦地裁は、けっして、本和解案を認めないよう、要請する。

45　アメリカからの弁護団来日

――それでアメリカから弁護団がやってきた。

高須　それはいいんだけど、その費用を負担したのは日本側だった。どうしてそんなことにお金を出すのかわからない。説明を必要としているのは向こうなんだから、自分の金を使って勝手にこいという感じじゃないですか。

――アップル社のアップストアで、村上春樹などの海賊版が売られていることに対して、書協や雑協が協議を申し入れ、アップル側にデジタル海賊版の販売数と削除プロセスの開示、違法配信の防止策を求めていると報道されていますが、グーグルへの対応をずっと追ってみると、正確な事実認識と法的戦略を構築した上で臨んでいるとはとても思えませんね。

高須　まさにそうです。〇九年五月二十六日からグーグルの著作権訴訟の原告である米国作家組合のポール・アイケン事務局長と同組合法律顧問のマイケル・ボニ、全米出版社協会法律顧問のジェフ・カナードの各氏が文藝家協会の「招聘」で来日し――米側の記者会見での発言――、著作権団体の関係者と会って和解について説明し、その成果をもって二十七日に記者懇談会を開いた。

その時に当然のことながら、絶版問題が俎上にのぼった。

彼らは、「市販されている書籍とは、米国内の伝統的販売経路で販売されていることとの定義について、一つ以上のその時点における伝統的販売経路という日本訳がおかしい。

one or more then-customary channels of trade　はその時点における習慣的というか一般的な販売経路ということで、伝統的と訳すのはおかしい。書店だけでなく、インターネット販売も含む」と解釈を変更します。市販中の書籍が絶版扱いにされている問題について、Amazon.co.jp. と紀伊國屋ブックウェブなどで販売中のもの、つまりアメリカから通販で買えるものについては、米国内の一般的販売経路で入手可能と見なすと、態度を変えます。

そして、グーグルのリストで絶版表示になっているものについては、書協の Books.or.jp のデータをもとに、数週間以内に全部クリーニングして直すと説明したのです。和解案そのものに変更を加えるのではなく、解釈を拡大したわけです。

四月二十八日に書協に来たグーグルブック検索和解管理者の回答では、「米国内で販売されていない書籍は市販本と扱われません。書籍が『市販』とみなされるには、米国内で販売されていなくてはなりません」と冷たく書いてあったんです。

よろしいでしょうか、ノープロブレムですね、有難うございましたというわけです。

――流対協としても弁護団と会見しましたよね。

高須　日本文藝家協会のセッテングで、記者会見の翌日、上浦さんや事務局の木下さんと帝国ホテルで会いました。彼らは私たちに対して、このように善処したのだから、これでいいじゃないか、参加するようにというわけですよ。そこで私はいいました。「それはできない、グーグルのやったことは著作権法違反の違法行為で、参加する必要もないし、離脱すると」。

――それはすばらしいタンカで、私もそばにいて聞きたかったな。

高須　最終的な公定公聴会というのが六月八日に開かれる予定になっていた。そこまでに異論が出ないことが肝心なんです。彼らとしては、異論やオプトアウトがなければ、彼らのいっている和解案は妥当だということになるので、そこに持っていきたいことに尽きます。

異論があるとどういうことになるか。そうした場合、和解についての公聴会の後、裁判所が駄目だと修正するわけです。そういうことも最初はわからなかった。日本の常識からすると、和解案が決まれば、そのまま決まってしまう。ところがクラスアクションの集団訴訟のルールというのは色々な異論が生じた場合、修正しなければならない原則があると、後からわかってきた。

だから弁護団にしてみれば、流対協が異論を申し立て、反対の声を大きく上げたのは和解の承認のための妨害行為となる。きわめて邪魔だと。そのために彼らもかなり困っていたと思う。

十八日付けでニューヨーク南部地区連邦地裁判事宛に和解案を承認しないように要請する文書を送ったと言うと、慌てて「本当に送ってしまったのか」と詰問してくるわけです。挙句に離脱するといったものだから、彼らは私たちがクレージーじゃないかという顔をしていた。

つまり離脱したら、おまえたちの得られる権利はグーグルを訴える権利だけで、クラス・アクション、集団訴訟ということになれば、どれだけ金がかかるかわかるか、何百万ドルだぞみたいなことをいうわけです。そんな馬鹿なことは止めたほうがいい、和解案にとどまったほうがいいと、何度も言うわけです。

―― 要するに恫喝も示したわけですね。

高須　そういうことです。

「今日の説明でもオプトアウトするのか」と再三迫られたが、「そうする」と応じた。最後はかれらも、どうしようもないというように匙を投げて、握手して別れました。彼らは原告団顧問弁護士といっても、いまや和解案を成立させ、三〇〇〇万ドルといわれる弁護士報酬を手にしたいと考えている人たちなのです。こちらとしても、和解案に対する厳しい拒絶と、事を起こすぞというブラフは必要だったわけです。

日本文藝家協会はこれまで少し不満があったようですが、アメリカの弁護団の説明に満足した。三田誠広副理事長は二十七日、東京都内で報道各社の取材に応じ、「日本のオンライン書店や日本書籍出版協会などから情報提供を受けた刊行中の書籍は除外するといった詳細な説明があった」「『絶版の定義は明確になった』とし、『世界の作家の権利を守るための和解案を高く評価したい』と述べ、受け入れる考えを明らかにし、会員に対しデータの削除をグーグルに申し出るよう呼びかけていたが、撤回することにした」（『毎日新聞』五月二十八日付）。

でも日本ビジュアル著作権協会、日本漫画家協会などは反対だった。とりわけ日本漫画家協会はわれ関せずと、かなり強硬で、こんなものは認めないし、ベルヌ条約なんて関係ないという感じで、その後、反対声明を出しています。書協は、談話すら出しません。当事者としてこんなことでいいのでしょうか。もう同業者として情けないというしかありません。

結局のところ、出版業界では流対協だけがひたすら突っ走り、七月から九月にかけて、オプトアウトを広める活動をして、最終的に〇九年九月二日までに八一社がオプトアウトをしました。

46　その後の和解案をめぐる顚末

――これは前にもふれましたが、海外やアメリカ内部でも反対の声が上がるようになってきた。

高須　そうです。再延長期限の〇九年九月四日までにグーグルブック検索和解案について、日本や世界各国の作家や出版社、団体から反対の意見書がニューヨーク州南部地区連邦地方裁判所に約四〇〇件寄せられた。大部分が反対意見でした。八月三十一日にはドイツ政府が反対の意見書を提出します。この後の事情を、日誌風に挙げておきます。

九月三日、オプトアウト期限の九月四日を四日間延長して九月八日になり、これが最終的に無期延期となります。

九月八日、マイクロソフト（MS）や米ネット通販大手のアマゾン（Amazon）などが参加するオープン・ブック・アライアンス（OBA）は、グーグルが出版社と価格操作を行なおうとしていることは、独占行為に当たるなどと意見書を裁判所に提出します。同じ日、フランス政府も和解案反対の意見書を提出、「文化の多様性」を損なうなど和解案によって起こりうる悪影響等を指摘します。

九月十日には、米国下院司法委員会公聴会で、米国著作権局登録局長が、オプトアウト方式の和解案は、著作権者を子々孫々に至るまで和解案に縛り付け、書籍の無制限なスキャニングをグーグルに許す内容であることから、こうした強制許諾ともいえる和解案は本来、議会の取り扱う問題であり、反対であると強く言明します。

また絶版書籍の規定についても強く反対、絶版書籍であるか否かに関わらず著作権は守られるべきであり、著作権保有者が分からない作品（いわゆる孤児本）についてグーグルに事実上の独占権を与えることにも反対しました。

さらに、米国外の著作権者が和解案に自発的に参加することは自由であるが、オプトアウトしなければ自動的に参加となることは、諸外国との摩擦を招いており、外交上の問題となるとの懸念すらを表明します。

これを受け、米国司法省は九月十二日、グーグルブック検索和解案について修正がなければ連邦地方裁判所は、承認すべきではないと表明します。

九月十八日、米国司法省は、集団訴訟法、著作権法および独占禁止法上の懸念、和解案の内容に関して、①外国の著者や出版社の懸念への対応、②著作権者保護策の強化、③競合他社も利用可能な仕組み作りなどの変更を加えることを、連邦地裁に求めます。

九月二十四日、連邦地裁は、最終公正公聴会を十月七日には開催しないという命令を文書で公表し、公聴会は無期限延期となります。

十月八日、ニューヨーク南部地区連邦地裁チン判事が十一月九日までに和解修正案を提出するようグーグル社などに命令。

十一月十三日、グーグルブック検索和解管理者が、修正和解案を裁判所に提出。修正和解案では対象著作物を、米国著作権局に登録された著作物および英国、カナダ、オーストラリアの英語圏四カ国で出版された著作物に限定し、ドイツ、フランス、日本その他を対象外とし、一件落着となったわけです。

二〇一〇年の二月に一応最終公定公聴会が開かれますが、いまだに中ぶらりんになっているというのが和解案をめぐっての顛末ということになります。

47　孤児本問題、日本政府の対応

高須　この背景にはネットの中での主導権争いに加えて、いわゆる孤児本（オーファンブック）問題というのがあります。絶版書籍のなかに、著作権は存続しているものの著作権者が不明で、著作権者に連絡が取れない作品が大量にある。これがいわゆる孤児本（オーファンブック）と呼ばれるもので、米国作家組合会長によれば、一九二三年以降出版された書籍の五〇～七〇％が孤児作品で、一〇〇〇万点にのぼるといいます。日本も膨大な点数になるはずです。

オプトアウト方式だと、孤児作品の著作権者がオプトアウトする可能性は、きわめて少なく、ほとんどが和解参加となり、また収益の請求する割合が少ないので、グーグルに莫大な利益をもたらすことになり、決定的に有利になります。影響は米国内だけでなく、全世界に及ぶ。

もともとオプトアウト方式は、ブック検索でグーグルのみが採用する方式で、ヤフーやマイクロソフトなど他は、「著作権者の反発を招かないよう、著作権が切れ、パブリック・

ドメインとなった書籍や著作権者が明確に許諾した作品のみを対象としたオプトイン方式」を採用している。

カナード弁護士は、流対協の質問に対して、「孤児本に関しては、米国内の図書館にあった場合は、グーグルはデータ化し、米国内において利用・販売ができる」と答えています。事実上グーグルによる独占が起きることに対し、米国内で、アマゾンやマイクロソフト、ヤフー、Internet Archive などから強い反対が起こっているわけです。

もしオーファンブックの大半の使用権がグーグルに移ってしまうと、グーグル以外のところはグーグルに金を払い、許可を得なければならないという問題になってくる。だから他の様々なところから猛烈な反対が出るようになり、今は混乱の極みにあるといったところです。

アメリカ以外のところでの反対で、最も決定的だったのは修正案が出された直後の十一月十八日、フランスで、出版社全国組合（ＳＮＥ）と文学者協会（ＳＧＤＬ）がグーグルを訴えていた裁判で、パリ大審裁判所（地裁民事部に相当）は無断スキャニングと抜粋表示を有罪と判決し、原告が勝訴したことです。

判決は、こうした行為の継続を、遅延一日あたり一万ユーロの科料を課してグーグルに禁止したため、グーグルは違法行為を続けられなくなります。一年遅らせば四〇〇億円を超えます。結局のところフランス側が勝ってしまい、グーグルにとっては打撃だった。アメリカの場合、米国作家組合や全米出版社協会はグーグルと和解したが、フランスはあくまで裁判を続けて勝ったわけです。

―― フランスやドイツは政府レベルでも和解案に反対しましたが、日本政府はどうだったんですか。

高須　〇九年の九月のもう少しで次のオプトアウト期限を迎える前に、文化庁著作権課に申し入れをしました。そこで日本政府としてもグーグルに抗議を入れるべきではないかといった。すると文化庁担当者は「まず国際条約上、違法行為ではないし、クラスアクションも合法だし、ベルヌ条約で日本に及ぶのも合法だ。それに民間同士の問題であるから、国は関係ない」という答えが返ってきた。

勝手にやってくれという話で、これにはさすがに呆れてしまった。

―― それはいくら何でもひどすぎる。物には言いようというものがあるでしょうに。白書などは定価をつけて販売されているし、官庁絡みの雑誌や出版物は出版社が原稿料を渡し、印税も払っていて、よく問題になったりしている。ということはこれらの政府関連の出版物だって著作権があると見なすしかない。

高須　それで、〇九年十月三十日、流対協は、十一月九日の修正案提出期限を前に、①事前許諾、②オプトイン方式で、③和解離脱がいつでもできデータの完全削除ができること、などの和解案修正に関する要請書を、連邦地裁や和解管理者などに送ったことを報告する記者会見で、日本政府が、修正和解案に影響力を至急行使するよう、強く求め、その旨の申入れをします。同様の申入れを日本ペンクラブも行います。

面白いことに十一月六日というぎりぎりになって、文化庁は見え見えのアリバイ的なパフォーマンスを示した。十一月九日、文化庁は、「米国のグーグル・ブック検索の訴訟に関して、十一月六日、在米大使館から、米国政府に対し、外交ルートを通じて我が国の考えを伝達しました」と報道発表を行い、流対協にも伝えられます。「状況を注視していること、速やかかつ十分な情報提供が行われること」が内容で、本当に頼もしいばかりの政府の対応で、馬鹿みたいなものです。本当にアリバイ工作としか思えなかった。

第V部

48 グーグル・ショックが突きつけた問題

――グーグルブック検索和解案問題は、〇九年十一月十四日に修正案が提出され、十九日に連邦地裁によって仮承認されます。対象が英語圏四カ国に絞られ、日本などが対象から外されることになったため、当面はグーグル・ショックを波打ち際で押し止めた形になり、出版界の関心も急速に薄れました。

高須 しかし、むしろ問題はこれからでした。グーグルがわれわれに突きつけた問題は、きわめて多面的であり、日本の出版界の弱点を曝け出す結果となりました。電子書籍元年といわれる一〇年になると、アップルのｉ－Ｐａｄ発売など電子書籍と電子書籍フォーマット、電子書籍端末をめぐってさまざまな動きがでてきます。もっぱら技術的な優劣の議論が賑やかとなった。その背後に隠れがちでしたが、次の様な問題があります。

まず第一に、グーグル・図書館プロジェクトが提起した、デジタル・アーカイブの問題です。この問題は、ジャパンブックサーチ構想、長尾真・国立国会図書館館長の構想など国内のブック検索問題へと発展していく。

第二に、書協の対応例に見られた出版社は著作権者ではないので和解の当事者ではないという問題からはからずも明らかになったように、デジタル時代に対応した出版者の権利がないに等しい、きわめて不備である問題です。またこの問題は、伝達者の権利である著作隣接権への出版社の要求、出版契約書の改訂の問題へと発展していきます。

まず、デジタル・アーカイブ（文書の保管）の問題ですが、人類の英知の集約の一つである、歴史的な文献や書籍などを保存していくデジタル・アーカイブは、書籍のデジタル化、電子書籍とは別の問題です。

――当然、グーグルは私企業として商業目的で行なっているわけですね。

高須 そうです。グーグルの進めているデジタル化は、それを売っていこうとするわけだから、図書館プロジェクトの趣旨は評価するがそれは金儲けでしかなく、やはりそれは公的機関がやった方がいい。

〇九年四月には、ユネスコが世界の二〇カ国の国立図書館などと協力して世界デジタル図書館を立ち上げています。「アメリカの記憶」プロジェクトのアメリカ議会図書館が力をいれています。日本の国立国会図書館も著作権の切れた本のデジタル化作業をしてきましたが、これに参加すると表明しました。

ヨーロッパではEUレベルで、ヨーロピアーナというデジタル図書館を〇九年四月に立ち上げ、古文書から絵画まで、著作権のないものをデジタル化しています。そのように出版文化遺産を保存し公開して、非商業的に、無料で利用できるようにしていくプロジェクトです。これは、『グーグルとの闘い』(岩波書店)を書いたフランス国立図書館の前館長のジャン＝ノエル・ジャンヌネー氏が中心になっています。

これらの公共のデジタル図書館プロジェクトとグーグルのちがいを一言でいえば、パブリックドメインであっても、デジタル化の基準は現実に売っていないものをメインとし、著作権切れであっても出版社に優先権を持たせるとか、書店で売られている本の権利を侵さないとかを配慮している。

―― つまりジャンヌネーの著者のサブタイトルにある「文化の多様性を守るために」という方針というか、哲学が反映されているわけですね。

高須 そうです。だからヨーロッパのデジタル図書館プロジェクトとグーグルを比較すれば、保証リスクという意味でいえば、知的財産の合理的保存には前者のほうがかなっていると見るしかない。

グーグルの場合、私企業であり、最大の情報産業としてモンスター化していること、「絶版」判断に見られる恣意性、無断スキャン問題、情報やデータの独占、ビジネス化の不明瞭性と不安材料がいくらでも潜んでいる。そこで流対協は誰がやるべきかを弁護団来日前の〇九年五月十八日の記者会見で提案しました。

グーグルという一私企業に任せるべきではない、公的機関によって国際的なネットワークでデジタル化が行われるべきだと。

国立国会図書館の長尾真館長も新聞で、「図書館よりもグーグルを人々が頼るようになってしまう」とグーグルに対抗すべきとの発言をしています。『朝日新聞』〇九年五月二十五日付けの社説も「重要なのは、こうした『知』の集積をする作業を米国の一企業に任せておいてはいけないということだ。経営方針が変わるかもしれない（中略）日本の知を集積し、世界に発信する仕組みづくりを官民で急がねばならない」と。

49 日本版電子図書館

――グーグルブック検索騒動の最中、それに刺激もされながら、日本でもグーグルに対抗する必要があるとの考えから、日本版電子図書館の構想も始まっているわけですか。

高須　そう考えていいでしょう。これは国会図書館の長尾真さんを軸にしたもので、そこまでは長尾構想に私は賛成していた。ところが、彼の構想をよくみると実は基本的にパブリックドメインには関係ない。

長尾館長によると、国立国会図書館はこれまで明治・大正期の図書資料一四万八〇〇〇点をデジタル化し、近代デジタルライブラリーとして公開している。そのために著作権者を追跡するのに約二億円がかかった。

グーグル・ショックで、急遽、デジタル化のための補正予算が一挙に百倍以上付いたので、国立国会図書館は、〇九年六月の著作権法の改正で、一〇年一月から資料保存の目的で同館に限って、一九六八年までの図書など九〇万冊をデジタル化画像データ（テキスト化は今後の検討事項）にすることができるようになったといいます。デジタル・アーカイブのためであれば、いいでしょう。

――これは私も「出版状況クロニクル」で書いておきましたので、確認しますと、一二一七億円の補正予算がつき、これまでの電子化は一六万点弱だったが、これで九〇万点の電子化の目途がたったとされています。

高須　彼の電子図書館構想によれば、そのようにデジタル化されたデータの利用は、権利者との話し合いによって、館内で同時には一人が利用可能で、公共図書館への送信はしないと説明していました。しかし、ここから長尾構想は、さらに発展していきます。

デジタル・アーカイブを実現するため、国会図書館への納本義務を紙の出版物から電子形態の出版物にまで拡げ、電子納本をしてもらうようにする。紙の出版物の納本の場合も、その元にある電子データも納入してもらう。括弧書きで、（対価を支払うことも可能だろう）とある。頁あたりX円で購入とその著書『電子図書館新装版』（岩波書店、二〇一〇年）にはある。公共図書館へも送信可能にし、館内利用もできるようにしていくわけです。

また国会図書館に蓄積されたデジタルデータは、電子出版物流通センター（仮称）を設立して無料で貸し出す。

同センターは一般読者が閲覧できるようにし、利用者からアクセス料金を徴収し、権利者に配分する。デジタルデータのダウンロードは原則的に出版社からさせて、国会図書館からもダウンロードできるようにする。代金は、いずれも出版社・著作者に支払われる。同センターへのアクセス料金は、一日あたり図書館への往復運賃数百円程度の利用料か、あるいは「一時間当たり五〇〜一〇〇円程度」（前掲書）とできるだけ安くしたいという。

――それが推進され、実現すれば、公共図書館は本を買う必要がなくなり、書店もただでさえ苦しんでいるのに、さらに苦境に追いやられるプロジェクトのように思えますが。

高須　もちろんそうです。

長尾構想は、絶版書籍で著作権保護期間が消滅しているものを対象にしたデジタル・アーカイブではなく、納本制度で安く入手した本を、税金で電子化し、あるいは無料で電子納本させ、市販中の本も閲覧、複製等ができるようにし、既存の書店や公共図書館の役割を国立国会（電子）図書館で置き換え、全読者をそこに集約していく構想です。これは、グーグルブック検索もびっくりの日本政府版電子図書館計画です。

本の原価とは関係ない値段で利用者に配信されたら、コンテンツ制作に高い費用をかけた出版社の配信価格は高くなり、競争にもならないし、出版社は同センターからマージンをもらっても、立ちいかなくなるのは明白です。ここにはもう取次も書店も視野にはない。とりわけ採算のとりにくい専門書の中小出版社は苦しくなる。また、出版社の生命である編集企画能力が衰退し、出版の多様性が失われ、短期的には便利なネットサービス構想に見えるが、長期的に考えれば、読者に不利益をもたらしかねない。

50　電子納本の義務化が意味するもの

高須　でもこの長尾さんの構想は一〇年六月の総務省、経産省、文科省の「デジタル・ネットワーク社会における出版物の利活用の推進に関する懇談会」（三省デジタル懇談。総務省、文部科学省、経済産業省の三省合同開催）報告に、確実につながっている。そこで電子書籍仕様のための技術的な問題やデジタル化の構想が色々出て、具体的な検討会が開かれ、もう動き出しています。

特に差し迫っているのはデータによる電子納本の義務化の問題だと思う。

――二〇一一年度中にはじめたいと言っていますね。何でそんなことをしなければならないのか。

高須　出版社にしてみれば、そう思わざるを得ない。一〇年六月七日に第一九回納本制度審議会は、「オンライン資料の収集に関する制度の在り方について」を答申し、答申はオンライン資料の収集に当たって、無料での納本を義務づけています。オンライン資料というのはオンライン出版物のことで、おもに民間の出版社によってインターネット等で提供される電子書籍、電子雑誌等のことです。

現在の納本制度では、代償金が支払われるが、答申では「オンライン資料にはそもそも『印刷・製本』の工程、『作成部数』の概念が存在しない。また、『小売価格』に相当する額であるが、インターネット等において公衆に提示されている『価格』は当該資料の利用料としての『価格』であることを考慮すると、代償金の考え方を準用することは困難であると考える。

また、オンライン資料の納入のための複製はデジタル複製であり、納入のための複製の費用も補償を要するほどの額にはならず、この点でも代償金の考え方を準用することは困難であると考える」としています。

電子出版物を編集・制作するのがタダと思っている神経は非常識というほかありません。データに至るまでにはどれほど見えない長い年月とコストがかかっているのかわからないのに。

しかも、文科省の中川正春副大臣（当時）は、昨年（二〇一〇年）二月十三日付『朝日新聞』のインタビューで「製本と同時に作られる電子データも（国会）図書館に納入すれば、デジタル化の手間がはぶける。さらに、電子納本が進めば、データの利用の仕方も図書館としての公的サービスだけでなく、商業利用も含めて多様に広がっていく可能性がある。（略）図書館の館内だけでなくネット経由で自宅で読んだりダウンロードして印刷したり。電子ブックリーダーへの配信もありうる」などと語っています。

紙版の電子データまで収めろという。どこの製造業で金型を無料でよこせといわれて、はいわかりましたと収める経営者がいますか。この納本制度審議会には書協や雑協の代表がでているわけです。電子納本は、長尾構想を現実化する突破口なんです。出版界としては、納本拒否も視野に入れる必要があると思います。

――その背後には最初に話した成田空港問題ではないけれど、様々なハードやソフトに関する利権が複雑に絡んでいる。

高須　それは間違いない。

私たちは三省デジタル懇談会の傍聴の立場なので、事前に関係する省からヒアリングがくるわけです。すると感じられるのはどちらかといえば、経産省は長尾構想をつぶしたい、ところが総務省、文科省のほうは長尾構想を支持したいというニュアンスです。

その理由は明らかで、経産省は民間の仕事を育てるのが仕事であり、長尾構想は民業を乗っ取ってしまうような話ですから、極端なことをいえば、民間出版社のおいしいところをただ同然でいただいてしまうということになるのだから。

――大きな国営出版社をつくるみたいな話だ。

高須　国営出版社というよりも、巨大な国営電子書籍配信会社をつくるようなものです。

――なるほど、そう考えると、戦前の日本出版配給株式会社の成立を思い出しますよ。これは国策会社で日配と称されますが、戦時下の「出版新体制運動」と「出版統制」の帰結として、全国で三百余を数えた取次が日配へと一元化され、それとパラレルに出版社は三七〇〇社から二二〇〇社に淘汰され、書店も一万六〇〇〇店から四〇〇〇店間引きされるという事態を伴っていた。

何かこの日配のイメージが長尾構想の向こう側に浮かんでしまう。

高須　それは教訓というか、悪しき範として認識しておいたほうがいいかもしれない。電子書籍に絡む利権の話はともかく、この国会図書館プロジェクトはグーグル問題の教訓として得た日本側の総括なんです。それは長尾さんがフランスの前国立図書館長で、あの『グーグルとの闘い』を書いたジャンヌネーを日本に招いて、〇九年秋に講演会を開き、やはり勉強していることでわかる。だから構想を実現していこうとする意気込みがうかがえる。

要するにグーグルに拮抗し、アメリカの議会図書館とユネスコの共同による電子図書館、ヨーロッパの「ヨーロピアーナ」電子図書館に匹敵する日本の国会図書館プロジェクトを実現すべきだと決意しているんじゃないかな。

ジャンヌネー氏は、著作権保護期間中の書籍については、アーカイブの対象とすべきではなく、オンラインで提供するか伝統的な形で販売するかは「出版社が唯一の判断者」であり、デジタル化の中で「文化的な役割を担う伝統的な書店を守り後押しすることも、重要な要素となる」と指摘しています。

デジタル・アーカイブは、出版社や書店の商売を阻害しないように、とくにその利用は既存の出版活動を阻害したりすべきではない。出版社が絶版書や著作権保護期間が消滅している書籍でも、復刊された場合は、アーカイブ利用を自粛すべきであると思います。

長尾構想は、仏つくって魂入れずの感がします。

それからグーグル問題で得た総括といえば、日本の出版契約、出版社の著作権法上の地位、出版社と著者との関係などがすべて曖昧であることがはしなくも明らかになりました。

デジタル化時代を迎え、出版社は出版コンテンツ、紙とデジタルの両方を制作する者としての脱皮が求められているし、そのためには、出版者に、レコード業者や放送事業者に与えられているような伝達者としての権利、つまり著作隣接権が付与されるべきなのです。電子書籍問題を一つのチャンスにして著作権法の改正などで出版者の権利が整えられるべきです。

そのことを、私どもは以前から主張してきましたが、今やそれが書協などの主流の意見となり、大手出版社も、盛んに著作隣接権の獲得をいっている。

三省デジタル懇談会でも著作隣接権など何らかの権利を出版社に与えないとまずいのではないかという話になったのですが、六月に出された懇談会の結論が「可否を含めて検討」ということですから、楽観はできません。

そういうことを含め、二〇一一年は、出版界にとって存亡の瀬戸際に立っている年ともいえます。

51　明らかになった再販制、グーグル問題

――ずっと高須さんのお話をうかがっていて、とても勉強になりました。私たちは流対協のような組織に入っていないし、いつも零細な単独的出版者、及び著者として、大げ

さにいえば、出版業界全体と向き合っていました。

ところが高須さんは流対協の会長の立場で、公取委、書協、グーグルなどの日本の出版業界をめぐる官僚組織、公的団体、世界最大の情報企業とわたり合ってきた内実を知らされ、これまで以上にイメージが立体的になりました。

おそらくこの一冊を購入してくれる読者も同じような感慨を抱くはずで、主として再販制とグーグル問題の明確な見取図が示された、これまでにない情報のつまったコンパクトな一冊に仕上がると確信しています。

高須　そうであるように願っています。

あなたが最も長年にわたる出版業界ウォッチャーであるのは誰もが認めているはずだと思いますが、私の話がどのように受け止められたのかを聞かせてくれませんか。

――いや、それではインタビュアーの立場が逆転してしまいますが、もう最後ですので、少しは許してもらえますかな。

まずは前提として、すでに話しましたようにこの失われた十数年で、何と八千億円の出版物売上の減少があった。つまりピークの九六年の二兆六千億の売上の三分の一近くが消えてしまったことになる。これはアメリカやヨーロッパだけでなく、ロシア、中国、韓国などの出版業界と比べても、まったく例を見ない異常な事態であり、日本だけで起きている特殊な出版状況なんです。

高須 アメリカやヨーロッパも出版不況だと聞いていますが、実際にはそうではないのですか。

――欧米もそれこそアマゾンなどのネットとの競合で、書店は苦戦していますが、書籍売上高はこの十年で微増、微減を続けていて、日本のようなドラスチックな状況にはない。これをGDPにたとえれば、このような十年以上も続く経済のつるべ落とし的不況は政府の政策に責任があるとされるから、この間に内閣が何度変わったのかわからないほどの危機にあたるわけです。

つまり出版業界は未曽有の危機の中で、この十年以上を過ごしてきた。しかも有効な改革を打ち出すことができずに。だから私はこの事態を日本だけで起きている出版敗戦とよんできた。

でも高須さんからずっと再販制、消費税、グーグルをめぐる対応をうかがって、書協に代表される出版業界の首脳たちは、そのような出版状況に対する危機感がまったく欠如しているとしか思えません。彼らは出版状況を直視せず、またそれをきちんと分析できず、その場しのぎの対応しかできない。公取委の顔をうかがい、グーグル問題にも真剣に取り組まず、一体何をしてるんだという怒りすらも覚えます。

高須　そのとおりで、普通であれば、責任者出てこいということになるし、失策を犯せば、総退陣は当たり前なのに、誰も責任はとらない。それは責任者が不在だと考えるしかないし、大手出版社を中心とする様々な出版団体はそのような構造になっている。

——　責任は再販委託制に基づく近代出版流通システムの中にあるわけですから、個人に帰せられない構造になっている。だからそこに責任者はいない。

それと同時にそうした無責任構造に加えて、出版状況に対して、出版者の側からのまともな発言や批判が行なわれていないことも大きな問題です。これはお世辞をいうわけではないですけど、もし流対協の活動がなかりせば、公取委の公表文のことも、グーグルの諸問題もここまで明らかにならなかったでしょう。

高須　それは何よりもほめ言葉で、励まされます。

——　かつては未来社の西谷能雄、みすず書房の出版太郎、後者は編集長の小尾俊人だと見ていいんでしょうが、自社の『未来』と『みすず』で論陣を張り、出版状況に対する正当な意見と批判を常に発信していた。ところが彼らはすでに退場してしまった。

私は総合雑誌で出版特集を組み、日本の未曽有の出版危機を国民に知らしめるべきだと何度も書いてきましたが、他の業界のことでしたら飛びつくのに、どこもやらない。高正味の岩波書店はその恩恵を最も受けてきたのだから『世界』で、それを特集する義務さえあると思いますが、この出版危機に対して、まったくの沈黙を守っている。鈴木書店が破産に至った教訓が生かされていない。

そこで思ったんですよ。ひょっとすると、書協に代表される大手出版社の首脳たちも世襲続きとサラリーマン社長の果てに、出版業界や本のことについて、真面目に考えたこともないし、通じてもいないのではないか。だから公取委やグーグルにも抗することもなく従ってしまうのではないかと。

高須　それは流対協の闘いを通じて骨身にしみました。

52　八〇年代以後の出版業界

――しかしそれは書協に象徴されるだけのことなのか、いや、そうではなく、近年の出版業界の様々な事柄を考えると、すべてに当てはまってしまうような気がするわけです。

まず順番に挙げていきますと、八〇年代以降の雑誌の売上の成長を支えたのはコンビニです。コンビニの雑誌販売は新しい号との入れ換えだけで、在庫も雑誌の金太郎飴、自動販売機のようなものです。

やはり同時代に主流となった郊外型書店ですが、これも取次のパターン配本に基づくパート、アルバイトによる店舗運営で、これは次第にレンタルを兼ねる複合型となり、経営的にはレンタルの利益が大きいために、雑誌や書籍の販売は二の次といったニュアンスにもなっていった。

そしてこれは元さわや書店の伊藤さんとの話で出てきた言葉でしたが、書店現場に本のことをわかっている人がいなくなり、「そして誰もいなくなった」状況を招来してしまった。ついでですから、もっと話してしまっていいですか。

高須　私もさんざん聞いてもらったんですから、遠慮しないで続けて下さい。

――そのレンタル複合店のフランチャイズで出版業界の一大勢力となったCCC＝TSUTAYAはレンタルを主として始まり、そのシステム構築を主体としていたから、ここにもやはり本に通じている人はいないと考えられる。

CCC＝TSUTAYAと盟友だったブックオフも扱う商品が本だったことだけで、古本リサイクルのフランチャイズシステムの構築をめざすことを主体としていたから、やはり本そのものの中身などはまったく関係がなかった。

それからこれも七〇年代に比較して大成長した公共図書館で、これも、主としてＴＲＣが開発したマークシステムによるカード貸し出しの導入によるもので、その図書館システムに通じている人たちは多いにしても、残念ながら本のことをよく知っている図書館員はまったくの少数派でしょう。

そして丸善に迎えられ、今はＣＨＩグループの社長の座についている小城武彦は通産省、及びＣＣＣの出身で、ＣＨＩグループの新たな販売システム構築に携わっているのは小城と一緒に丸善に移ってきた元ＣＣＣのシステム開発者たちのようです。またこの小城を丸善に紹介したのはブックオフの元社長の坂本孝だったという話も伝わっていますし、その小城が大日本印刷と丸善などを結びつけたキーパーソンで、現在では書店業界の新しいリーダーのように扱われている。だが本のことに通じているかというと、とてもそうは思えない。

つまり八〇年代以後の出版業界で重要な位置を占めた分野で行なわれたのは疑似的な新しいシステム開発であり、そこにはそうした専門家はいても、本に通じている人はいなかった。もっとわかりやすく家にたとえれば、見かけは立派な家を建てても、そこに住む人のことを考えずに建ててしまったという感がぬぐえないのです。

53　デジタル化をめぐる問題と出版物の変化

高須　いわんとするところはよくわかります。それらの挙句の果てに、グーグルの図書館プロジェクトが始まり、国会図書館の長尾構想が出され、着手に至ったと。

――　そうです。高須さんはデジタル保存の有効性、耐久年数、デジタル媒体の規格の変更によるコストを問題にされています。

それも広く論議されなければならない問題ですが、本に関する見方の相違が根幹に横たわっているように思われる。私は出版者、編集者、著者、翻訳者として、本というものは無用の用だと基本的に考えている。中小出版社の少部数出版はそれを象徴していて、無用なんだけれど、用とする少数の読者はいると想定し、出版している。

それと長年にわたって本を読んでくると、名著、名作も大事だが、その陰に埋もれている雑書の重要性に気づく。それらの雑書群が名著、名作を生み、また名著と名作の間をつないでいるとわかる。でもそれらの雑書群はまさに無用の用で、国立図書館にも収蔵されていない本も多い。

ところが長尾構想からもわかるし、電子書籍の端末メーカーにしても、基本的にデジタル化は本をすべて有用の用にする試みのように映る。

もちろん多くの利権が絡んで、新しい富が生まれる可能性からすれば、デジタル化される本は有用の用ですが、本固有の性格からすれば、かならずデジタル化されていっても無用の用の本が膨大に生み出されてくる。それを電子書籍が支えられるかといったら、はなはだ疑問だ。

私はそこがデジタル化、電子書籍の盲点のように思われてなりません。

高須　それに加えて、私は情報の独占と選別ということもこれからのデジタル化、電子書籍問題には必ずつきまとってくると考えている。だから国立図書館からの一元配信にした場合、配信していいものと悪いものの選別が必ず行なわれる。権力の独占的、一元的恣意が必ず入ってくる。私が配信サービスは出版社に任せよと主張しているのはそのことも含めてです。

――だからデジタル、電子書籍化の背後には流通や販売、配信も含めて、多くの盲点と問題が潜んでいるのであって、それをよく直視し、検討していかないと、本をよくわかっていないテクノクラートによって出版業界が占領されてしまいかねない。

高須　私もそれを最も危惧しているし、デジタル化、電子書籍問題の陥穽はグーグルに象徴的に表われていると思う。

――それと出版業界の失われた十数年は本を売ることが中心になっていなかったのが原因ではないかと述べましたが、やはりパラレルに起きていた出版物の変化にも目を向けておくべきでしょう。

出版社・取次・書店という流通システムに基づく近代出版業界は明治二十年代、つまり一八九〇年前後にスタートし、すでに一世紀余の歴史を有しているわけです。その成長の特徴は当時としては雑誌や書籍がニューメディアであったこと、それから何よりもコンテンツの充実と進化だったと考えられます。

もっともわかりやすい例を挙げれば、現在最も人気のある時代小説や推理小説にしても、前者は講談を経て、様々なヨーロッパ文学の物語祖型が組み合わされ、多種多様な時代小説が生み出されることで、物語的には講談よりもはるかにストーリー性に富み、登場人物も魅力的になり、読んで面白い小説の一分野を築き上げた。それは一部のマニアたちの同人雑誌から始まった探偵小説も同様で、戦後になって推理小説と名前を変えましたが、同じプロセスをたどってきました。

戦後のことをいえば、コミックも貸本漫画を主体として始まったと考えていいでしょうが、驚くばかりの高度な技術と物語性を達成し、世界に冠たる日本のカルチャーとなったことは誰の目にも明らかです。

これらの時代小説、推理小説、コミックの高度な達成にしても、著者たちだけの努力によるものではなく、出版社がそれを支え、取次が流通させ、書店が売るという一致した協力があって、多くの読者を育て獲得し、隆盛を見るに至った。これも同じようなことが出版物の全分野に及んでいると考えられ、そのことを通じて出版物売上高はずっと上昇してきたのです。

言葉を換えていえば、絶えず優れた商品を提出する努力を続けたがゆえに売上の成長があった。しかし失われた十数年に起きたのはこれもドラスチックとしかいえない商品とコンテンツの劣化があり、それが八千億円の売上減少と密接につながっているのではないかと思われてならないのです。商品の粗製乱造がこの出版危機を招いた一因だともいえるのではないでしょうか。

高須　それは本当にいえるかもしれない。売上だけでなく出版社も減少し始め九六年の四六〇二社から〇九年には三九〇二社にまで減ってきています。一〇年は新刊点数まで、前年比四・九％と激減したと伝えられています。出版社自体が完全に息切れし体力を失ってきていると言えます。大手出版社の著名な編集者だった人が講演で、大手出版社の編集者は著者から原稿をメールで受け取り、それを読みもしないで、そのまま印刷所へ入れてしまうと言っていました。

私たち零細小出版社から見れば、信じられない話だが、こうなると本づくりに対する情熱も執着ももはやなくなってしまい、何のために編集者の仕事をしているのか、いやそれどころか、どうして出版社に勤めているのかさえもわからなくなってくる。そのような本づくりをしていれば、読者に見離されて当然だという気がする。

――でもよく考えれば、そのような本がベストセラーになっていたのが失われた十数年の出版業界の現実で、むしろ私たちがここでいっているようなことが正論として通らない状況になっている。これらの事実から、商品の劣化ゆえの売上高の減少を指摘するのは間違っていないのではないでしょうか。

高須　話のオチとしては物悲しい事実ですが、私たち流対協の闘いのかたわらで、このような出来事が日常茶飯事になり、出版物のみならず、出版業界そのものが劣化していたことも直視せざるをえないでしょう。

――それをあらためて認識し、かつ高須さんが、二〇一一年の『出版ニュース』の新年号の文書の結びの一文を最後に示すことによって、このインタビューを終えることにします。高須さん、長時間有難うございました。

「米国の要求によってはじまった規制緩和によって、大規模小売店舗法の廃止と再販制度の弾力運用、ポイントカードなどの導入も重要な原因として、中小書店の廃業ラッシュが続き、勝ち残ったナショナルチェーンもアマゾンに抜かれ、一部は印刷資本の傘下に入った。そして今、電子書籍が非再販商品とされることで、アマゾンやグーグルが日本を席巻し、出版業界は書店、取次を見殺しにしながら、崩壊への道を転がり落ちていくのだろうか？」

あとがき

著作物再販制度は再び存置された。再販制度を守るために弾力運用反対の私たち出版流通対策協議会の主張も、再販制度を守るために弾力運用をと言ってきた日本書籍出版協会の主張も、ともに制度面では目的を達成できた。

これからは、再販制度の原則に立ち返って、書店の怒りを買うような手前勝手なバーゲンブックなどはやめ、空洞化しつつある制度の修復に務める必要がある。その意味で実質的崩壊を招きかねない電子書籍の非再販問題への取り組みは待ったなしである。

ただ、再販制度の廃止を主張している出版社は、部分再販が自由にできるのだから、すべての本を自由価格でだしてもらいたい。すでに十年前に環境が整っているのだから、それができない理由はない。

再販制度の擁護、差別取引の撤廃、出版の自由を三枚看板にした流対協という中小出版社の団体にひょんなことから関わって、二十五年以上になってしまった。松田健二さんと森下紀夫さんの勉強会に時々、出席するうちにこの企画の話があって、以前から小田光雄さんの本は読んでいたので、いい機会と思った。再販制度については見解が違うので、むしろ面白いとも考えた。会員の出版社の皆さんに、会の歴史を知ってもらいたいという気持ちもあった。

そんなことで、もっぱら私の見解は、出版社の立場からのものなのだが、それはまた読者の利益につながると信じている。読者の皆さんはどう思われただろうか。

自分の出版社より流対協を優先させざるを得ないことがたくさんあり、妻のますみ並びに斎藤あかねにはとんでもない負担をかけ続けた。また、流対協の顧問の菊地泰博さんはじめ幹事の仲間たちにも迷惑ばかりかけた。改めて感謝したい。それからこうした機会を与えてくれた森下さん、小田さん、ありがとう。

高須次郎

二〇一一年二月

流対協（出版流通対策協議会）加盟社

亜紀書房　あけび書房　梓出版社　アットワークス　アテネ社　アーニ出版　ありな書房　イザラ書房　いそっぷ社　一光社　インパクト出版会　海象社　凱風社　解放出版社　海鳴社　仮説社　花伝社　雁思社　吉夏社　気天舎　弓箭書院　教育史料出版会　雲母書房　健学社　健康と良い友だち社　現代企画室　現代書館　現代人文社　見龍出版　源流社　合同出版　皓星社　コスモの本　コモンズ　桜井書店　彩流社　三元社　山文社　三陸書房　自然食通信社　時潮社　社会評論社　情況出版　松柏社　不知火書房　新宿書房　新泉社　水声社　スタジオタッククリエイティブ　青灯社　世界書院　せりか書房　千書房　創森社　創土社　草風館　第三書館　大蔵出版　田畑書店　知泉書館　筑波書房　柘植書房新社　同時代社　東信堂　東京漫画社　東北出版企画　東洋書店　都政新報社　長崎出版　七つ森書館　日本経済評論社　にんげん出版　パイインターナショナル 東京支店　晩成書房　ＶＩＥＮＴ　ひとなる書房　批評社　フィルムアート社　風濤社　風媒社　文車書院　ブロンズ新社　ぺりかん社　北樹出版　本の泉社　ほんの木　道出版　明月堂書店　めこん　木犀社　唯学書房　有志舎　リサイクル文化社　リベルタ出版　緑風出版　れんが書房新社　論創社（以上97社）

＊流対協事務局　〒113-0033　文京区本郷3-31-1　盛和ビル40B　03-6279-7103

高須　次郎（たかす・じろう）
1947年東京都生まれ。1971年早稲田大学卒。中央経済社を経て、仏ディジョン大学に学ぶ。1976年技術と人間に入社、1982年緑風出版創業。
出版流通対策協議会会長。一般社団法人日本出版著作権協会（JPCA）代表理事。
共著に『本の定価を考える』（新泉社、1992年）、『裁判の中の天皇制』（緑風出版、1997年）、『核燃料サイクルの黄昏』（緑風出版、1998年）など。

再販／グーグル問題と流対協——出版人に聞く 3

2011年3月15日　初版第1刷印刷
2011年3月20日　初版第1刷発行

著　者　高須次郎
発行者　森下紀夫
発行所　論 創 社
東京都千代田区神田神保町2-23　北井ビル
tel. 03（3264）5254　fax. 03（3264）5232　web. http://www.ronso.co.jp/
振替口座　00160-1-155266
インタビュー・構成／小田光雄　装幀／宗利淳一
印刷・製本／中央精版印刷　組版／フレックスアート
ISBN978-4-8460-0888-8　